R.E.I. Editions

Tutti i nostri ebook possono essere letti sui seguenti dispositivi:

- Computer
- eReader
- iOS
- Android
- Blackberry
- Windows
- Tablet
- Cellulare

French Academy

L'Aura & i Corpi sottili

ISBN: 9782372974547

Pubblicazione: dicembre 2022
Nuova edizione interamente riveduta e aggiornata: marzo 2026

French Academy

L'Aura & i Corpi sottili

R.E.I. Editions

Indice

L'Aura e i Corpi Sottili

L'aura è un concetto che compare in molte tradizioni spirituali, esoteriche e filosofiche: in generale, viene descritta come un campo energetico o luminoso che circonda gli esseri viventi, soprattutto gli esseri umani.

L'idea dell'aura è presente in culture antiche (indù, buddiste, egizie, greche) e in diverse correnti spirituali moderne.

Si tratta di un campo bioelettromagnetico la cui profondità varia da 5 centimetri a un metro circa e può avere diverse colorazioni a seconda dello stato d'animo della persona.

- Le macchine a raggi x, le TAC, le risonanze magnetiche, lo spettrometro di massa, la fotografia Kirlian, sono tutti metodi per cercare di captare, interpretare, conoscere quella sottile entità misteriosa che a volte chiamiamo energia, a volte campo elettromagnetico, che aleggia intorno al nostro Corpo Fisico e che in realtà non ci aleggia intorno: è parte di noi.

L'aura è, quindi, considerata un campo energetico sottile che circonda e permea il corpo fisico.

Secondo le tradizioni spirituali:
- E' formata da energie elettromagnetiche e spirituali.
- Riflette stato emotivo, mentale e spirituale.
- Cambia colore, intensità e forma in base alla persona.

L'aura viene spesso descritta come una luce o vibrazione colorata che avvolge il corpo a diversi livelli.
- Molti sistemi esoterici sostengono che l'aura non sia solo attorno al corpo, ma interpenetri il corpo stesso.

Il corpo fisico è soltanto uno dei vari corpi (quello materiale) da cui è costituito l'essere umano, ed è il veicolo con cui, durante la vita terrena, l'uomo ha la possibilità di provare le esperienze che gli necessitano per la crescita interiore.

Oltre questo, però, ci sono anche i corpi energetici, che costituiscono l'essenza stessa dell'individuo, la sua personalità, il suo essere completo.

Questi corpi non sono stratificati, ma si compenetrano e interagiscono tra di loro, e il loro spessore rispetto al corpo fisico aumenta man mano che ci spostiamo verso i corpi più sottili.

- Questi ultimi sono collegati ai 7 chakra, grazie ai quali potenziano la propria energia.

Conosciuta fin dai tempi più antichi come fonte di collegamento dell'essere umano con le energie presenti in tutto l'Universo, l'Aura è stata scientificamente scoperta verso il 1930 grazie al ricercatore russo Semyon Kirlian, il quale inventò un'apparecchiatura che consentiva di fotografarla: questa apparecchiatura viene tuttora usata, ovviamente perfezionata sotto il profilo tecnologico, in alcuni centri specialistici.

È molto costosa e, inoltre, fornisce dei risultati che possono lasciare un po' perplessi a quanti richiedono questa particolare verifica del proprio stato, soprattutto in relazione alla serietà professionale del centro che utilizza questa apparecchiatura, ma anche alle sue effettive capacità.

Le descrizioni a noi pervenute dell'aura provengono da popoli appartenenti anche a culture molto diverse, antiche e moderne, presso le quali sono presenti raffigurazioni dei corpi umani avvolti da ovoidi luminosi: dall'aspetto di questi ultimi sarebbe stato possibile capire persino un eventuale stato di malattia del corpo.

Si tratterebbe di un'emanazione luminosa che solo alcuni individui sensitivi sarebbero in grado di percepire.

- Nell'induismo, si ritiene che ogni persona possieda un campo energetico la cui luminosità e dimensione variano in base al livello di sviluppo spirituale.
  I grandi saggi e yogi, attraverso pratiche come il pranayama (controllo del respiro) e la meditazione, erano in grado di espandere e purificare la loro aura, aumentandone la radianza. Le divinità indù come Shiva, Vishnu e la Dea Madre sono tradizionalmente rappresentate con un halo di luce (tejas) che simboleggia la loro natura divina e il loro potere spirituale illimitato.

- Nel Buddismo, l'aura è particolarmente evidente nell'iconografia del Buddha, spesso raffigurato con un nimbo luminoso chiamato "prabha" o "rasmi".
  Questo alone non è considerato semplicemente un simbolo artistico, ma la rappresentazione di un'effettiva emanazione energetica percepita dai discepoli avanzati.
  Nei testi buddisti, si afferma che il Buddha emetteva raggi di luce di vari colori, ciascuno con proprietà specifiche legate all'illuminazione, alla compassione e alla saggezza.
  Secondo la tradizione Mahayana, il Buddha aveva la capacità di emanare luce da ogni poro della sua pelle, illuminando innumerevoli mondi e esseri senzienti.

Le pratiche tantriche, comuni sia all'induismo che al buddismo tibetano, offrono metodi specifici per visualizzare, purificare e rafforzare l'aura attraverso complesse meditazioni che coinvolgono i chakra e le nadi (canali energetici).
Queste pratiche sono considerate strumenti potenti per accelerare l'evoluzione spirituale e raggiungere stati elevati di coscienza.

- Nella tradizione giudaico-cristiana, il concetto di aura si manifesta attraverso numerosi riferimenti alla luce divina e alle emanazioni spirituali.

  Nell'Antico Testamento, fenomeni come il volto radioso di Mosè dopo aver parlato con Dio sul Monte Sinai rappresentano una delle prime descrizioni di un campo energetico visibile.

  Questo fenomeno, descritto come "raggi di luce" o "corna di luce", era così intenso che Mosè doveva velarsi il volto per non abbagliare gli israeliti.

  La Kabbalah ebraica elabora ampiamente il concetto di emanazioni divine attraverso il sistema delle Sephirot, dieci sfere interconnesse che rappresentano attributi divini che fluiscono dal Creatore verso il mondo fisico. Questa cosmologia descrive essenzialmente un sistema energetico universale in cui le anime umane sono avvolte da diversi livelli di luce spirituale, simili al concetto orientale dei corpi sottili.

- Nel Cristianesimo, l'iconografia ha codificato la rappresentazione dell'aura attraverso l'uso di nimbi, aureole e mandorle (aloni a forma di mandorla che circondano l'intera figura). Questi elementi artistici non erano semplici convenzioni stilistiche, ma tentavano di rappresentare visivamente ciò che i mistici cristiani descrivevano nelle loro esperienze spirituali.

  - L'aureola dorata che circonda il capo di Cristo, Maria e dei santi nelle icone bizantine e nell'arte medievale simboleggia la luce divina che emana dalle persone sante.

  I mistici cristiani come Ildegarda di Bingen (XII secolo) hanno lasciato dettagliate descrizioni delle loro visioni di campi luminosi attorno alle persone.

Nelle sue illustrazioni del "Scivias", Ildegarda rappresenta esseri spirituali e figure divine circondate da complessi campi di luce colorata, dimostrando una percezione che ricorda sorprendentemente le moderne descrizioni dell'aura.

Santa Teresa d'Avila e San Giovanni della Croce, nel XVI secolo, descrissero esperienze di percezione di luce spirituale e "corpi gloriosi" durante stati elevati di preghiera contemplativa. Il concetto di "corpo di gloria" o "corpo spirituale" menzionato da San Paolo si allinea con l'idea di un corpo energetico che trascende quello fisico.

Nel XIX e XX secolo, mistici cristiani come Padre Pio, di cui si diceva emanasse profumo e luce visibile durante stati di preghiera intensa, hanno continuato questa tradizione di manifestazioni energetiche percepibili. Nella teologia contemporanea, alcuni studiosi interpretano questi fenomeni come manifestazioni dell'energia divina o "gloria" che permea e circonda coloro che sono in intima comunione con Dio.

- Nel sistema della Medicina Tradizionale Cinese, il concetto di aura è intrinsecamente legato alla comprensione del Qi (o Chi), l'energia vitale fondamentale che anima e sostiene tutti gli esseri viventi. Sebbene il termine "aura" non sia utilizzato esplicitamente, il campo energetico che circonda il corpo è considerato una manifestazione del Wei Qi (energia difensiva), che forma uno scudo protettivo attorno alla persona. Secondo i testi classici come il "Huang Di Nei Jing" (Canone di Medicina Interna dell'Imperatore Giallo), risalente a oltre 2.000 anni fa, l'energia vitale circola attraverso un complesso sistema di meridiani (Jing Luo) all'interno del corpo, ma non si ferma ai confini della pelle.

Piuttosto, il Qi si estende oltre il corpo fisico, creando strati di energia che interagiscono costantemente con le forze ambientali.

I praticanti esperti di Qigong e Tai Chi Chuan sviluppano la capacità di percepire e manipolare queste estensioni energetiche. Durante esercizi avanzati come "Abbracciare l'Albero" (Zhan Zhuang), i maestri descrivono la sensazione di un campo energetico pulsante che si espande e si contrae con il respiro, estendendosi per diversi centimetri o addirittura metri oltre i limiti fisici del corpo.

Nella Medicina Tradizionale Cinese, l'aura è, quindi, strettamente connessa al concetto di energia vitale (Qi) e al sistema dei Cinque Elementi (Wu Xing): Legno, Fuoco, Terra, Metallo e Acqua: questi elementi rappresentano forze dinamiche che regolano la nostra salute e il nostro equilibrio energetico.

Ogni elemento influenza l'aurea attraverso colori, emozioni e organi specifici:

- Legno (Verde).
  Crescita, flessibilità, fegato e cistifellea.
  Un'aura verde indica energia rigenerante, ma se squilibrata può segnalare stress e frustrazione.
- Fuoco (Rosso).
  Passione, vitalità, cuore e intestino tenue.
  Un rosso brillante mostra entusiasmo, mentre uno scuro può riflettere agitazione o collera.
- Terra (Giallo).
  Stabilità, nutrimento, milza e stomaco.
  Un'aura gialla equilibrata simboleggia saggezza, mentre un giallo opaco può indicare ansia.
- Metallo (Bianco).

Purezza, introspezione, polmoni e intestino crasso.

Il bianco radioso riflette chiarezza mentale, mentre un'ombra grigia può suggerire tristezza.

- Acqua (Blu/Viola).

Fluidità, introspezione, reni e vescica.

Il blu profondo indica pace interiore, ma se spento può rivelare paura e insicurezza.

Secondo la Medicina cinese, mantenere l'armonia tra questi elementi è fondamentale per un flusso energetico equilibrato.

- Pratiche come il Qi Gong, l'agopuntura e l'alimentazione energetica aiutano a riequilibrare il Qi, rafforzando l'aura e il benessere complessivo.

Queste caratteristiche energetiche sono considerate manifestazioni esterne dell'equilibrio interno degli organi Zang-Fu e dei loro rispettivi meridiani.

I diagnostici tradizionali cinesi affinano la loro capacità di percepire sottili variazioni nel campo energetico del paziente attraverso pratiche meditative e l'allenamento sensoriale.

Tecniche come il "sentire il polso" (Mai Zhen) e l'osservazione del colore e della luminosità del viso (Wang Zhen) sono considerate metodi per valutare non solo il corpo fisico, ma anche la qualità e la vitalità del campo energetico circostante.

Nel trattamento, tecniche come l'agopuntura, la moxibustione e il Tui Na (massaggio energetico) mirano a riequilibrare non solo il flusso interno del Qi nei meridiani, ma anche a ripristinare l'integrità e la vitalità del campo energetico esterno.

- Si ritiene che un Wei Qi forte e bilanciato, manifestato come un'aura robusta e luminosa, sia fondamentale per mantenere la salute e prevenire l'invasione di fattori patogeni esterni (Xie Qi).

Charles Webster Leadbeater la descrive come "una nube a forma d'uovo di nebbia diafana".

Joseph Jastrow sostiene in proposito che "tutti gli oggetti esalano dalla loro periferia una sorta di vapore o nube".

Secondo il Manuale Rosacrociano, questa sorta di spirito, la cui essenza corrisponde al Mercurio degli alchimisti, ossia alla materia prima, "quando viene sottoposta a certe condizioni, si raccoglie in punti focali molto piccoli di carica elettrica", cioè negli elettroni: in tal modo avrebbe luogo la materia per come la vediamo.

La nozione dell'Aura, o di un involucro energetico avvolgente il corpo umano, compare già nelle descrizioni dei Veda, nel Libro di Dzyan, e nei geroglifici egiziani.

- Fin dall'antichità essa rappresentava "una luminosità, o simbolica oppure reale, presente attorno al capo o al corpo di uomini illustri, come santi e capi carismatici".

Anche nei dipinti di epoca cristiana, ad esempio di Tiziano o Raffaello, si nota spesso un alone luminoso intorno ai personaggi dotati di sacralità.

Nell'Europa moderna, si deve a Johann Georg Gichtel, allievo del filosofo Jakob Böhme, una descrizione dei centri energetici dell'Aura, meglio noti nella scrittura sanscrita indiana come chakra, illustrati nella sua Theosophia Practica del 1696.

Nell'Ottocento, alcuni studi sulle emanazioni auriche dell'essere umano furono condotti dal barone austriaco Carl Von Reichenbach, teorizzatore della forza Odica, e in seguito dalla comunità teosofica fondata da Helena Petrovna Blavatsky.

Agli inizi del Novecento, Charles Webster Leadbeater intese divulgare al grande pubblico la descrizione dell'aura con il suo libro "L'uomo visibile e l'uomo invisibile", mentre Rudolf Steiner accoglieva l'indagine sull'aura nella sua medicina antroposofica.

- Per spiegare tali visioni, tra le cause naturali proposte in ambito parapsicologico, ma scientificamente indimostrabili, potrebbe esservi un'emissione di onde elettromagnetiche di una lunghezza d'onda troppo lunga per essere elaborate dai coni della retina ma sensibili, invece, ai bastoncelli, responsabili della visione laterale.

Questi ultimi, quando si assume una particolare posizione, ad esempio con il capo roteato e gli occhi socchiusi, sarebbero in grado di recepire tali onde: in tal modo, infatti, interverrebbe nella visione soltanto la parte periferica della retina.

Trattandosi di onde, queste dovrebbero essere percepibili anche da apparecchiature tecniche, in particolare mediante strumenti di tipo termografico, in grado di eseguire foto a colori delle radiazioni di calore presenti sul corpo umano, ma non percepibili a occhio nudo a causa della loro lunghezza d'onda.
In proposito, hanno raggiunto una certa notorietà le presunte fotografie dell'aura scattate con un procedimento fotografico

noto come "effetto Kirlian", dal nome dei coniugi loro ideatori, da cui anche il nome di aura Kirlian.

Secondo la ricerca scientifica, questo tipo di fotografia non ritrarrebbe in realtà l'aura, ma semplicemente l'effetto corona o normali effetti fisici quali l'umidità, il calore o generici fenomeni elettromagnetici tipicamente presenti in tutti i corpi, anche in quelli inanimati.

Gli stessi coniugi Kirlian tracciarono la mappa dei punti del corpo umano che, secondo loro, avrebbero emanato questa luce e ritennero, in un secondo tempo, di individuare corrispondenze con i punti fondamentali per l'agopuntura.

- Un'analoga corrispondenza è stata oggetto di studio del naturopata Peter Mandel.

Poiché l'aura si ritiene essere il riflesso dei pensieri e degli atteggiamenti di una persona, si ritiene che essa ne riflette anche le eventuali disarmonie e comportamenti errati, che possono dare luogo a patologie tendenti a trasferirsi progressivamente dal piano più sottile, attraverso i vari corpi intermedi, fino a quello materiale.

Il legame tra psiche e malattia era noto del resto già nelle epoche pre-moderne, presso le quali il medico era anche sacerdote.

La disarmonia tra l'anima, intesa come la forma o il modello che la personalità è chiamata a realizzare, e la psiche, si esprime come una frattura del campo sottile che può andare da un semplice assottigliamento a una sorta di buco dell'aura, spesso di colore scuro.

- Attraverso i buchi dell'aura si determinano fuoriuscite di energia che vengono generalmente vissute come spossatezza e svuotamento.

Quali forme di rimedio, oltre a una presa di coscienza delle problematiche scatenanti, tra le più antiche vi sono le terapie energetiche come l'agopuntura o la cura dei colori della medicina tradizionale cinese.

A livello eterico agisce anche l'omeopatia: rimedi che agiscono, invece, al livello astrale o emozionale sono i fiori di Bach, i quali, apportando una specifica energia ad alta frequenza, inondano l'aura di vibrazioni armoniche in grado di riequilibrarne le eventuali disarmonie.

Tutti i corpi sottili interagiscono fra di loro e seguono anche uno sviluppo in base all'età.

- A 7 anni il corpo fisico è ancorato saldamente a terra.
- All'età di circa 14 anni si collega in modo più accentuato di prima al corpo mentale: da qui il prodursi delle ben conosciute crisi esistenziali dell'adolescenza.
- All'età di circa 20 anni il corpo mentale è integrato completamente nell'anima e da questo nascono le crisi spirituali.

L'influsso dei cristalli sulla nostra aura è determinato dal fatto che il campo energetico all'interno e all'esterno del nostro corpo è regolato anche dal quarzo, di cui il nostro corpo è in parte composto: sappiamo che studi scientifici hanno provato le qualità energetiche del biossido di silicio, pertanto, il cristallo che teniamo in mano o nel nostro campo aureo entra in interazione energetica e vibrazionale con il quarzo dentro di noi, apportandoci così forza ed equilibrio.

L'aura può assumere diverse tonalità a seconda dello stato d'animo passando, infatti, da colori scuri per arrivare a quelli più chiari:

- Se una persona, ad esempio, è particolarmente arrabbiata o è in uno stato d'animo decisamente negativo, il colore della sua aura varierà dal nero al marrone scuro, con fili sottili in colore rosso che partono dalla testa per andare verso l'alto.

- Qualora fosse, invece, molto emozionata, il colore dell'aura può variare dal rosso cupo a quello più chiaro, a seconda dell'intensità dell'emozione.

I colori più tenui, come l'azzurro o il violetto, indicano in genere una persona piuttosto equilibrata nelle emozioni e, generalmente in buona salute fisica.

[2]Il giallo oro indica l'incontro con un essere umano certamente di notevole livello in quanto è, per eccellenza, il colore che indica la profonda centratura in se stessi e il perfetto equilibrio con le diverse energie che lo circondano. Qualora si incontrasse una persona circondata da un'aura di questo colore si capirà di trovarsi di fronte a un essere fuori dal comune e che, molto probabilmente, è un maestro spirituale.

Il campo aurico, comunemente conosciuto come campo eterico dell'energia, si estende per un'ampiezza che oscilla tra 5 e 10 cm (e in altri strati fino a oltre 1 metro) e circonda il corpo riflettendo vari colori e diverse sfumature nei toni di base (alcune persone fanno naturalmente eccezione e non si rispecchieranno perfettamente in quello che sarà spiegato successivamente).

La gamma dello spettro dei colori va dal bianco al nero (bianco come completa presenza di colore e nero, invece, come totale assenza), dai toni pastello all'indaco e al violetto.

I colori dell'aura, le strutture e i disegni rivelano molte informazioni sullo stato di salute fisico, emotivo, mentale e spirituale, sulle condizioni e sul modo di essere della persona.

- L'aura è come un'impronta digitale: è assolutamente personale ed esprime ciò che realmente siamo.

Indica il nostro stato passato, il presente e il futuro, le vite precedenti, il destino, le entità che ci circondano, il nostro carattere, la nostra forza e la nostra debolezza, siano esse fisiche, patologiche, emozionali o psicologiche.

- Siamo noi: l'aura è il nostro vero essere.

Nell'organismo umano agiscono forze analoghe, se non identiche, a quelle dell'elettricità e del magnetismo: ogni essere umano possiede un campo magnetico, cioè l'aura, che si irradia da lui come il sole emana i suoi raggi.

L'aura è parte integrante e qualità essenziale delle forze eteriche, astrali, mentali e spirituali di ogni persona: nella vita, ogni essere umano crea la propria atmosfera magnetica che rivela, in maniera infallibile, il proprio temperamento, la disposizione d'animo, il carattere e le condizioni di salute.

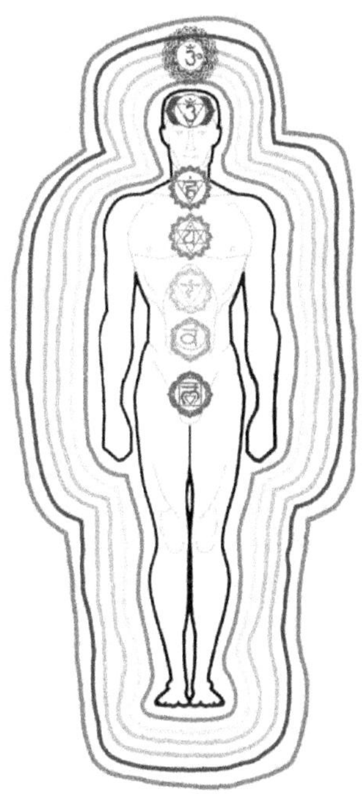

- Una prova pratica dell'esistenza dell'aura si può evidenziare in diverse maniere: ad esempio, caricata con un alto potenziale elettrico, l'aura stessa si elettrifica.

E se un neon o una lampada ad argon vengono avvicinati alla "sfera di influenza" della nostra bioenergia, questa si accende.

L'illuminazione si localizza entro confini ben definiti che variano intorno al corpo con una precisa linea di demarcazione: in questo modo è possibile delineare una chiara mappa dell'aura di ogni individuo.

- Gli involucri di luce hanno uno spessore diverso per ogni persona.

I loro confini possono variare da un minimo di pochi centimetri intorno al corpo fino a raggiungere alcuni metri: è possibile individuare il confine di un'aura, proiettando la luce della lampada, in linea retta, nella direzione della persona, a una distanza di circa un metro e mezzo o due.

Qualcosa di simile si può ottenere con i nuovi programmi computerizzati che misurano i colori e l'estensione dell'aura, attraverso uno strumento periferico: essi sono stati creati da una chiaroveggente tedesca per essere utilizzati allo scopo di registrare l'aura umana per fare diagnosi e prognosi.

- Ci sono quattro modi di percepire e interpretare l'energia dell'aura.

I suoi strati, determinati dalle vibrazioni dei colori, si sovrappongono l'uno all'altro e sono distinguibili per:

- Tono.
- Forma.
- Consistenza.
- Luminosità del colore.

In termini molto semplici un'aura si struttura in sezioni di energia.

- Secondo il tantra tibetano, sono cinque gli strati principali (più uno dello stato di sogno dell'aura).
- Per i seguaci dell'Ayurveda e di certe filosofie new age sono sette.
- Invece, sono tre secondo altri movimenti della new age.

Ogni sezione energetica serve a uno scopo preciso e si collega a una specifica componente della vita di una persona.

Queste diverse parti dell'aura sono poi suddivise, a loro volta, in strati di energia che si definiscono sulla base dei colori; questi possono riflettere il negativo e il positivo, rivelarsi costruttivi o distruttivi: possono stimolare o deprimere, respingere o attrarre.

- Nelle caratteristiche dell'aura si possono riscontrare persino l'elemento maschile e quello femminile.

Gli strati dell'aura circondano, più o meno, il nostro corpo fisico assumendo una forma simile a quella di un uovo, pur non essendo perfettamente ovale.

Essa possiede, al suo interno, varie zone che risultano meno definite nella forma e sono emanate dai chakra a cui corrispondono (la cultura ayurvedica parla di sette chakra; sono cinque, invece, per la medicina tibetana).

- All'interno di ciascuna sezione ogni strato di colore mostra una qualità del soggetto.

L'aura esprime le sue caratteristiche attraverso i colori e le forme che di base si presentano con la caratteristica forma di uovo: gli strati si sovrappongono l'uno all'altro.

I cambiamenti disturbanti dello stato dell'aura, come riduzione della luminosità, varchi o buchi aurici, sono avvertibili come perdita di vitalità, confusione, mancanza di determinazione e possono essere dovuti a molteplici fattori: malattie fisiche, shock, incidenti, traumi emotivi e psichici, alcol, fumo, droghe, psicofarmaci, ansietà, angoscia, depressione, conflitti irrisolti, pensieri ossessivi e di distruzione, malattie nervose e mentali gravi.

Tra i modi più efficaci per risanare il campo energetico dell'aura abbiamo il massaggio aurico, quindi extracorporeo, il massaggio o unzione con oli direttamente sui chakra, combinato o meno alla cura con cristalli, gli idrolati, le acque sacre e di luce, la preghiera, la visualizzazione, la meditazione, l'uso del pensiero positivo, il rinforzo della capacità di volontà e a tutte le forme di esercizi fisici e spirituali.

- Diversamente dai pensieri egoistici, spregevoli e di paura, i pensieri positivi migliorano la nostra condizione di salute e a volte possono guarire le malattie.

I colori dell'aura sono sette, che possono presentarsi singolarmente o mescolati, il loro significato segue quello universalmente conosciuto.

- Una persona serena, nobile d'animo e illuminata ha l'aura gialla oro.
- Una appassionata e generosa rosso intenso.
- L'affettuosa, ma controllata, cangiante tra il rosso e il verde chiaro.
- La riflessiva verde.
- L''idealista verdazzurro.
- Chi è disposto a sacrificarsi per gli altri di colore malva o glicine.

Al negativo:
- Chi ha l'aura verde scuro è suscettibile e vendicativo.
- I collerici ce l'hanno a onde rosse su fondo bianco.
- Quella dei paurosi è a strisce celeste e rosso.
- Per gli ansiosi le strisce sono rosso e blu.
- Gli apatici ce l'hanno verde opaco.
- I distratti a macchie bianche e azzurre.

Ecco alcuni esempi di possibili applicazioni dell'osservazione dell'aura nella vita quotidiana.

- **Nel campo del benessere fisico e spirituale**

Diagnosi e prognosi precoci di organi malati; indicazioni di guarigioni da malattie fisiche, mentali ed emozionali; scoperta di vite passate e delle missioni karmiche.
  - Gli strati e i colori dell'aura corrispondono agli organi interni del corpo.

Se non s'impedisce che il male venga assorbito nello strato più profondo e arrivi a un'altra destinazione, cioè a quella psicologica ed emozionale, gli organi vitali (solidi e cavi), che sono collegati ai vari strati dell'aura per mezzo di canali o linee di corrente, si ammaleranno.

- **Nel campo dello sviluppo spirituale**

La semplice cura della nostra salute fisica è di poco conto rispetto a quanto la lettura dell'aura può giovare alla nostra coscienza, al nostro sviluppo spirituale o alla consapevolezza della natura.

Alcune meditazioni (secondo la filosofia e la pratica tantrica tibetana) costruiscono il livello di base dell'armonia e del benessere dell'aura: purificando, curando, rinforzando e proteggendo l'aura e i nostri chakra, progrediamo nella salvaguardia generale della nostra persona, bilanciando così un mondo e un ambiente circostante oltremodo inquinati.

- **Nel campo degli affari**

Può essere utilizzata per anticipare lo stato mentale o emozionale di una persona prima di avere un incontro d'affari con lei.

Sia che ci troviamo nel ruolo del venditore piuttosto che in quello dell'acquirente sono molti i vantaggi specifici che possiamo trarre dalla lettura dell'aura.

- **Nella vita sentimentale**

Può essere un ottimo strumento per vivere un fidanzamento o un matrimonio, perché l'aura ci rivela se il compagno che abbiamo scelto è più o meno compatibile con noi e ci indica il momento giusto per affrontare certe discussioni.

Attraverso la lettura dell'aura possiamo verificare se la nostra bioenergia aurica si mescola bene con quella dell'altra persona o se per motivi karmici dovremmo unirci a qualcun altro: inoltre, possiamo comprendere se e quando è giunto il momento di separarsi dal partner e perfino se e quando è opportuno imbarcarsi in una nuova relazione con quella stessa persona.

- In poche parole, saremo capaci di accettare tutto quanto ci accade con maggiore facilità e in maniera meno traumatica.

In questa ottica la comprensione dei problemi di un'altra persona e dei mutui destini verranno vissute con meno angoscia.

- **Nel campo della vita sessuale**

Può aiutare a risolvere conflitti sessuali con il proprio partner. Imparare a conoscere la propria aura e quella del compagno è un modo per avvicinarsi alla complessa natura delle relazioni intime e sessuali.

- **Per evitare rabbia e confusione**

Attraverso la lettura dell'aura, ognuno di noi può cominciare a capire le caratteristiche di un'altra persona e così allontanare sentimenti di rabbia e di confusione quando sorgono i problemi.

Abbiamo visto che i corpi sottili in una persona sono sette, andiamo, quindi, a esaminarli nel dettaglio:
- L'aura Eterica.
- L'aura Emotiva.
- L'aura Mentale.
- L'aura Astrale.
- L'aura Eterica matrice.
- L'aura Celestiale.
- L'aura Casuale.

Il campo energetico umano formato da queste aure è diviso in vari strati che si irradiano dal corpo, circondandolo e compenetrandolo: man mano che i vari strati si allontanano dal corpo diventano sempre più sottili e la loro frequenza vibratoria aumenta.

Nonostante l'apparenza, questi corpi non sono stratificati, ma si compenetrano e interagiscono tra di loro, e il loro spessore rispetto al corpo fisico aumenta man mano che ci spostiamo verso i corpi più sottili.

I corpi energetici presentano caratteristiche differenti tra loro, e in modo particolare possono essere identificate due strutture:

- I corpi dispari hanno una forma definita e una precisa struttura. Alla vista di un sensitivo, gli strati dei corpi dispari appaiono formati da raggi luminosi stabili e rilucenti.

- I corpi pari sono composti da sostanza informe e fluttuante: il secondo appare simile a un gas, il quarto a un fluido, il sesto a un alone luminoso.

Se gli strati del corpo energetico sono sani, forti e carichi, la persona sarà in grado di condurre una vita felice in ogni suo aspetto, se, invece, uno o più di questi strati si trovano in stato di squilibrio, si potranno riscontrare vari problemi a livello fisico e psichico, dal momento che ogni strato presiede al buon funzionamento dei vari organi e determina le caratteristiche psicofisiche della persona.

- In definitiva, Aura e Chakra sono dipendenti l'uno dall'altra, ma non sono la stessa cosa.

Infatti, gli strati che circondano il corpo fisico e che costituiscono l'Aura sono collegati con i Chakra.
Avremo cosi che:
- Il Primo Chakra è collegato con il Corpo Eterico, che è il primo strato di energia che circonda il corpo.
- Il Secondo Chakra è collegato con il Corpo Emotivo, secondo strato che circonda e compenetra l'Eterico.
- Il Terzo Chakra è collegato con il Corpo Mentale.
- Il Quarto con il Corpo Astrale.
- Il Quinto con il Corpo Eterico "matrice".
- Il Sesto con il Corpo Celestiale.
- Il Settimo con il Corpo casuale.

La fotografia Kirlian

La fotografia Kirlian è un insieme di tecniche fotografiche usato per catturare il fenomeno delle scariche elettriche coronali.

Prende il nome da Semën Kirlian, che nel 1939 scoprì accidentalmente che, se un oggetto su una lastra fotografica viene collegato a una sorgente ad alta tensione, sulla lastra fotografica si produce un'immagine.

La fotografia di Kirlian è, quindi, una tecnica per creare fotografie con stampa a contatto usando l'alta tensione; il processo prevede l'immissione di un foglio di pellicola fotografica sopra una piastra di metallo.

L'oggetto da fotografare viene, quindi, posizionato direttamente sopra la pellicola; si applica temporaneamente alta tensione alla piastra metallica creando un'esposizione.

- La scarica coronale tra l'oggetto e la piastra ad alta tensione viene catturata dalla pellicola; la pellicola sviluppata contiene una fotografia Kirlian dell'oggetto.

Una pellicola fotografica a colori è tarata per riprodurre colori fedeli quando esposta a luce normale; le scariche coronali possono interagire con variazioni minime nei diversi strati di colorante usati nella pellicola, risultando in una vasta gamma di colori a seconda dell'intensità locale della scarica. La pellicola e i sensori usati nell'imaging digitale registrano anche la luce prodotta dai fotoni emessi dall'effetto corona.

Nel 1939, due cechi, S. Pratt e J. Schlemmer pubblicarono fotografie che mostravano un bagliore attorno a delle foglie.

Nello stesso anno, l'ingegnere elettrico russo Semyon Kirlian e sua moglie Valentina Chrisanovna Kirliana svilupparono la fotografia Kirlian dopo aver osservato un paziente che stava ricevendo una cura da un generatore elettrico ad alta frequenza nell'ospedale di Krasnodar; si erano accorti che quando si avvicinavano gli elettrodi alla pelle del paziente si vedeva un bagliore simile a quello di un tubo a scarica al neon.

I coniugi Kirlian condussero esperimenti in cui la pellicola fotografica veniva posta sulla sommità di una piastra conduttiva e un altro conduttore veniva attaccato a una mano, una foglia o ad altro materiale vegetale; i conduttori ricevevano energia da una fonte di energia ad alta tensione e ad alta frequenza, producendo immagini che tipicamente mostravano una sagoma dell'oggetto circondato da un alone di luce.

Le fotografie di oggetti inanimati come monete, chiavi e foglie si possono rendere in modo più efficace collegando l'oggetto a terra usando il terreno, un tubo di acqua fredda o con il lato (polarità) opposto della sorgente ad alta tensione; la messa a terra genera, infatti, un effetto corona più forte.

- La fotografia Kirlian non richiede l'uso di una fotocamera o di una lente perché è un processo di stampa a contatto.

E' possibile utilizzare un elettrodo trasparente al posto della piastra ad alta tensione, permettendo di catturare la scarica coronale risultante con una fotocamera o una videocamera standard.

Kirlian riteneva che le immagini create dalla fotografia Kirlian potessero rappresentare un campo di energia congetturale, o Aura, che alcuni ritengono circondare gli esseri viventi.

Kirlian e sua moglie erano convinti che le loro immagini mostrassero una forza vitale o un campo di energia che rifletteva gli stati fisici ed emotivi dei loro soggetti viventi.

- Pensavano che queste immagini si sarebbero potute utilizzare per diagnosticare malattie.

Nel 1961 pubblicarono il loro primo articolo sull'argomento nel Russian Journal of Scientific and Applied Photography. Le idee di Kirlian vennero abbracciate da chi praticava trattamenti energetici.

Un esperimento tipicamente usato come prova dell'esistenza di questi campi di energia prevedeva di scattare foto Kirlian a intervalli prestabiliti di una foglia raccolta; si pensava che al graduale appassimento della foglia sarebbe corrisposto un calo della forza dell'aura. In alcuni esperimenti, se una sezione della foglia veniva strappata dopo la prima fotografia, una debole immagine della sezione mancante permaneva se si scattava una seconda fotografia.

Tuttavia, se la superficie viene pulita dai contaminanti e dall'umidità residua prima di scattare una seconda foto, non appare nessuna immagine della sezione mancante.

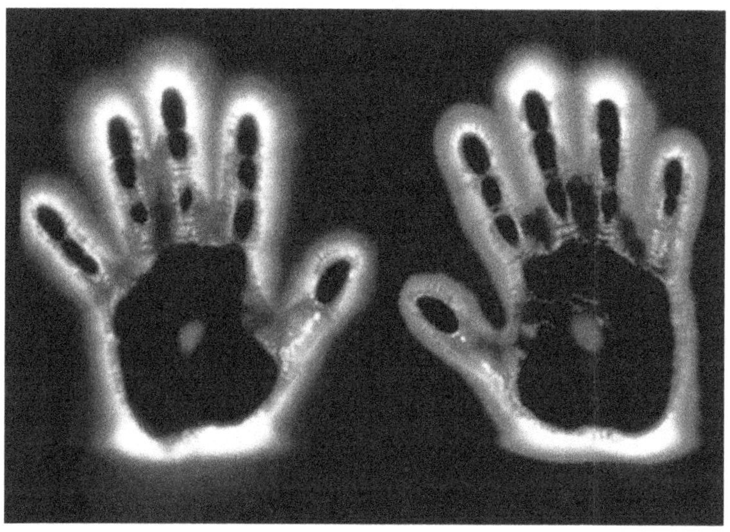

La teoria dell'Aura vivente è almeno parzialmente rinnegata dimostrando che il contenuto di umidità della foglia ha un effetto pronunciato sull'effetto corona; una maggiore umidità determina corone più grandi.

Man mano che la foglia si disidrata, le corone si ridurranno naturalmente di intensità e variabilità; il risultato è che il variare del contenuto di acqua della foglia può influenzare la cosiddetta aura Kirlian. Gli esperimenti di Kirlian non fornirono prove sufficienti di un campo di energia diverso dai campi elettrici prodotti da processi chimici e dal flusso di scariche coronali.

- Secondo gli studi eseguiti da Kirlian insieme a un'equipe di biologi, medici e tecnici, l'effetto kirlian è esattamente un effetto di natura elettrica, proprio come affermano i detrattori.

Tuttavia, hanno riscontrato che, mentre negli oggetti inanimati la corona luminosa rimane assolutamente identica per colore, forma e qualità, negli organismi viventi le corone, invece, variano per forma, colore e intensità luminosa.

Le scariche coronali, identificate come Aura Kirlian, sono il risultato di processi stocastici di ionizzazione elettrica e sono fortemente influenzati da molti fattori, tra cui la tensione e la frequenza dello stimolo, la pressione con la quale una persona o un oggetto toccano la superficie, l'umidità locale attorno all'oggetto fotografato, quanto la persona o l'oggetto sono isolati da terra e altri fattori locali che influenzano la conducibilità elettrica della persona e dell'oggetto ripresi. Oli, sudore, batteri e altri contaminanti ionizzanti presenti sui tessuti viventi possono, quindi, influenzare le immagini risultanti.

Secondo Dietmar Krämer, esoterista, naturopata e floriterapeuta, l'effetto Kirlian dipende dalla resistenza cutanea opposta dalla parte fotografata del corpo umano, resistenza che interagirebbe con la scarica elettrica variandone l'intensità.

- Il campo energetico dell'Aura verrebbe così riprodotto soltanto in maniera indiretta.

Sebbene l'immagine ottenuta in tal modo corrisponda solo in parte alle descrizioni fornite dai veggenti, e nonostante il suo aspetto cambi a seconda della quantità di tensione elettrica applicata, Krämer riferisce di essersi servito della fotografia Kirlian come strumento diagnostico delle patologie dell'Aura, riscontrando delle corrispondenze tra le lacerazioni di quest'ultima descritte dai suoi assistenti dotati di capacità sensitive e i punti in cui la scarica elettrica risultava attenuata o addirittura assente.

Analogamente il naturopata Peter Mandel ha affermato di riscontrare delle relazioni tra l'effetto Kirlian e l'energia dei meridiani da lui trattati applicando l'agopuntura.

La Dott.ssa Thelma Moss dell'Università di California di Los Angeles, con una lunga serie di esperimenti dove sono state prese più di 10.000 foto Kirlian, ha potuto dimostrare con assoluta certezza che l'effetto K. non è dovuto né correlato a fenomeni fisico-chimici quali il sudore o l'umidità della pelle, la temperatura cutanea, l'irrorazione sanguigna o il potenziale galvanico superficiale.

- Una successiva serie di esperimenti ha dimostrato con chiarezza che l'intensità luminosa, il colore e la forma sono strettamente correlati con precisi stati psicologici ed emozionali del soggetto sperimentale.

- L'effetto K evidenzia con esattezza gli stati di stress, tensione o paura che appaiono sulla foto come macchie rose e interruzioni della corona luminosa; mentre gli stati di reale rilassamento, pace interiore e salute fisica mostrano la scomparsa del rosso e un aumento proporzionale della corona bianca e di quella blu.

Si è dedotta, allora, l'esistenza di un doppio del corpo fisico costituito da una materia allo stato del plasma, il quarto stato della materia, al di sopra del gassoso; tale corpo, chiamato corpo bioplasmatico o energetico, opera come intermediario fra la mente e il corpo fisico.

Si comporta, cioè, come una rete di informazioni, uno scheletro energetico olografico, su cui si aggregano e si muovono gli atomi che compongono il corpo fisico, così come i mattoni che compongono un'abitazione, si strutturano sulla base della forma del progetto.

Tale corpo bioplasmatico corrisponde al corpo eterico della tradizione Indù e il plasma corrisponde all'energia vitale chiamata "Prana".

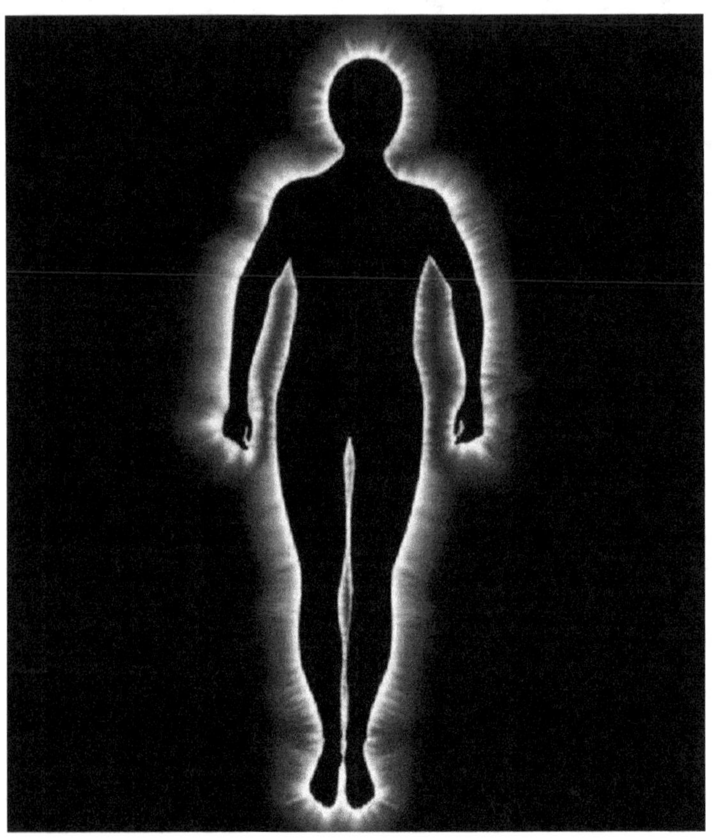

L'aura è l'estensione esterna del corpo eterico, un guscio luminoso, chiamato, con termini più scientifici, campo energetico; l'effetto kirlian, quindi, è un riflesso elettrico del corpo eterico, che permette effettivamente di visualizzare l'aura, anche se in modo indiretto.

L'effetto Kirlian ha dimostrato che i disagi psicologici e emozionali creano squilibri e falle nel corpo eterico che, a lungo andare, si trasformano in malattie nel corpo fisico.

La tecnica Kirlian viene anche usata, oltre ai normali test radiologici, all'Istituto di Fisiologia Normale di Mosca, sotto il controllo del Ministero della Salute, per la detenzione precoce dei tumori.

L'effetto K è stato studiato anche sui pranoterapisti che usano principalmente le mani per aiutare il processo di guarigione.

Significato dei colori nell'Aura

I colori dell'aura sono un riflesso del nostro campo energetico e rivelano informazioni sul nostro stato emotivo, fisico e spirituale.

- Ogni tonalità porta con sé un proprio messaggio, come il rosso per la passione e la vitalità, o il blu per la calma e la comunicazione.

Sintonizzarsi sulla propria aura può aiutare a capire meglio come si interagisce con il mondo e quali energie si irradiano.
I colori del campo energetico dipendono dallo stato emotivo e fisico del soggetto, dati da un cattivo o buon funzionamento di uno o più Chakra: ogni colore ha un significato distinto e ogni strato indica diversi argomenti e problemi di vita.

- Il colore principale dell'aura indica lo stile individuale di atteggiamento e il carattere di una persona.

Quando si conosce il proprio colore aureo si possono scegliere le situazioni e le azioni più adatte alla propria persona, cioè quelle in armonia con le proprie inclinazioni naturali.

- Più conformi siamo alle nostre predisposizioni naturali, più luminosi saranno i colori della nostra aura.
- I colori degli individui che rinunciano alle proprie predisposizioni tendono, invece, a scolorire in strisce sottili di tonalità deboli.

La buona salute fisica, mentale ed emotiva si manifesta nei colori chiari e luminosi; la depressione, la paura e l'autocommiserazione tendono, invece, a sbiadire i colori aurei.
Le persone che conoscono il colore della propria personalità sono in grado di prendere decisioni, di cambiare, di assumersi

responsabilità; fanno tutto questo non senza timore, ma con il potere che è loro concesso dalla conoscenza di se stessi.

Solo l'aura astrale dei bambini è incolore, perché le qualità si acquisiscono con l'età.

Solitamente il colore che avvolge più da vicino il corpo fisico è blu, mentre il campo aurico si espande tutt'intorno in un ampio alone giallo, la cui grandezza cambia in base alle condizioni psicofisiche.

Si può osservare una luminescenza azzurra che si irradia dalle estremità delle mani e dei piedi e dalla sommità del capo, si tratta di veri e propri fasci di luce che possono assumere anche riflessi di vari colori.

L'azzurro generalmente si trasforma in giallo intorno al capo formando un'aureola tanto più ampia e splendente quanto più puro è il pensare e il "sentire".

- Il fenomeno più bello è il continuo mutare dei colori all'interno dell'aura in corrispondenza dello stato emotivo: un'emozione intensa innescata da un fatto doloroso può scatenare dalla testa contemporaneamente raggi rossi, arancio, gialli e azzurri.

Nell'aura la paura si manifesta con una colorazione bianco-grigia, l'invidia produce un verde scuro, un rosso-arancio vivo indica la presenza di una vibrante forza vitale, ma solo rosso indica di collera, liberamente espressa se chiaro, collera trattenuta e repressa quando il rosso è scuro. L'aura di toni rossastri e cupi indica frustrazione e irritabilità. La tristezza si addensa in una "nube" grigio scuro.

- Le donna incinta sono generalmente circondate da una bellissima aura dalle morbide tonalità pastello rosa, azzurre, gialle e verdi.
- I sentimenti d'amore si palesano con una delicata luminescenza di colore rosa, a volte con riflessi dorati,

mentre la spiritualità si manifesta in una gamma di colori che vanno dall'azzurro, al viola, all'oro-argento.

Non è raro che i colori che emaniamo sono quelli che più amiamo indossare.
Ecco alcuni colori che può assumere l'aura con il relativo significato:

Rosso

Un buon rosso ben chiaro indica la potenza diretta verso il bene. I buoni generali, i buoni condottieri hanno molto rosso chiaro nella loro aura; si riscontra una tinta rosso chiara orlata di giallo chiaro nei crociati", coloro che si sforzano sempre di aiutare il prossimo.

Non confondete soprattutto questa persona con chi si immischia di tutto; la sua aura sarà di un rosso brunastro.

Un brutto rosso, troppo scuro, oppure opaco indica cattivo carattere, cattiveria; il soggetto è irritabile e cerca di approfittare degli altri.

Il rosso opaco rivela invariabilmente un'eccitazione nervosa; gli assassini hanno spesso questo rosso opaco degradato, nella loro aura. Più il rosso è pallido (pallido, non più chiaro) più la persona è nervosa e instabile, troppo attiva, incapace di star ferma.

Le tinte rossastre intorno agli organi indicano il loro stato:

- Strisce o radiazioni rosso chiaro che emanano da un organo indicano che quell'organo è in ottima salute.

- Un rosso scuro, tendente al bruno, che palpita sopra un organo, indica la presenza di un cancro, ed è anche possibile prevedere un cancro sul punto di manifestarsi.

- Un rosso marmorizzato e vibrante situato presso una delle guance indica un accesso o una carie dentaria; accompagnato da un bruno che palpiti regolarmente nel nimbo, esso rivela che la persona ha paura di andare dal dentista.

Lo scarlatto è, in generale, il colore di coloro che sono troppo sicuri di sé, e che non pensano che a se stessi: è il colore del falso orgoglio. Ma lo scarlatto si distingue anche molto nettamente intorno alle anche delle donne di facili costumi, per le quali l'amore è un mestiere: così, l'egocentrico e la prostituta hanno gli stessi colori.

Per tornare al gruppo dei rossi, il rosa (una tinta corallina) indica l'immaturità: gli adolescenti hanno un'aura più rosa che rossa, mentre presso un adulto, questo colore rivela infantilismo o insicurezza.

Tutti coloro che hanno del rosso all'estremità dello sterno sono malati di nervi: essi devono imparare a controllare le loro attività e a comportarsi con più calma se vogliono vivere fino a un'età avanzata.

Arancione

L'arancione è una variante del rosso, ma gli concederemo una classificazione particolare perché alcune religioni orientali considerano che l'arancione è il colore del sole e gli rendono omaggio.

E' un colore buono, e coloro che hanno una bella tinta arancione nella loro aura sono fondamentalmente buoni; essi si sforzano sempre di andare in aiuto dei più infelici di loro.

- L'arancione giallastro è ottimo, perché segnala la padronanza di sé e molte altre virtù.

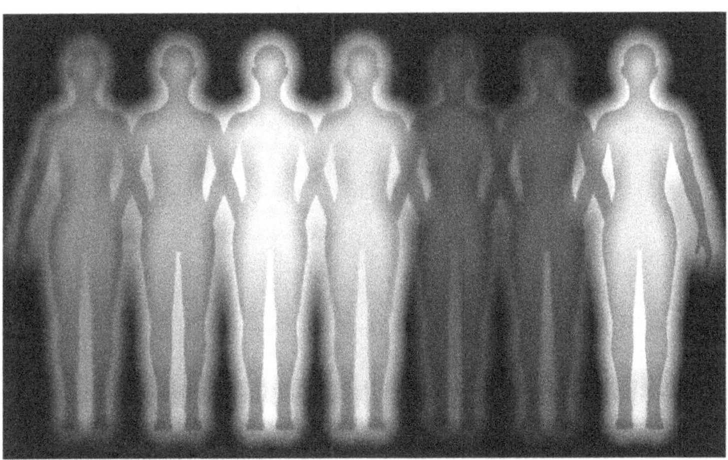

L'arancio brunastro appartiene al pigro che "prende in giro ogni cosa"; questa tinta rivela anche le malattie renali: se essa è situata al di sopra dei reni e presenta tracce di grigio, indica la presenza di calcoli.

Un arancio colorato di verde è segno di temperamento collerico, litigioso, e quando avrete progredito, al punto da distinguere i colori nei colori e tutte le sfumature, avrete la saggezza di evitare di discutere con coloro che hanno il verde nell'arancio perché essi mancano di immaginazione: per loro tutto è nero o bianco, mancano di sottigliezza e non sanno distinguere le sfumature d'opinione, di sapere, di colore.

- La persona afflitta da un arancione verdastro discute interminabilmente per il piacere di discutere, senza curarsi del valore dei suoi argomenti.

Per le sue caratteristiche è molto presente nei bambini e meno negli adulti, nei quali a volte è praticamente assente.
Se chiaro rappresenta elevazione spirituale e mentale, se scuro intellettualismi inutili. Una sfumatura fresca, invece, rappresenta l'attenzione.

Giallo

Un blu giallo dorato appartiene agli esseri d'alta spiritualità: tutti i grandi santi hanno aloni dorati.

Più grande è la spiritualità, più smagliante il giallo dorato.

- Una persona che ha nella sua aura un giallo vivo è perfettamente onesta, perfettamente franca e si può aver fiducia in lei, mentre un brutto giallo indica la codardia.

Un giallo rossastro non è del tutto favorevole perché indica la timidezza fisica e morale e la debolezza dello spirito; costoro non sanno quel che vogliono, cambieranno religione e opinione, cercando sempre altrove: non hanno alcuna perseveranza.

La persona che ha nella sua aura una tinta giallo-rossastra o bruno-rossastra passerà la vita a correre dietro all'altro sesso, ma invano.

È curioso constatare che coloro che hanno del giallo-rossastro nella loro aura e anche i colori rossi sono generalmente irritabili e estremamente suscettibili.

- Quando il giallo è molto tinto di rosso, la persona soffre di un grande complesso di inferiorità; più domina il rosso, più la persona ne soffre.

Un giallo brunastro rivela dei pensieri molto impuri e una deplorevole debolezza di spirito; gli ubriaconi, i mendicanti, i falliti, hanno nell'aura quel colore rosso-bruno giallastro e, se sono particolarmente cattivi, essa è cosparsa da un brutto colore verdastro.

- Costoro possono raramente esser salvati dalla loro follia.

Allorché il giallo è striato di bruno e il bruno predomina, è segno di malattia mentale; la persona che ha una doppia personalità (in senso psichiatrico) ha spesso metà della sua aura di un giallo bluastro e l'altra di un giallo brunastro o verdastro. È un miscuglio di colori orribilmente spiacevole.

Bisogna aspirare a ottenere il bel giallo dorato di cui abbiamo parlato sopra: esso si otterrà se ci si sforza di rimanere puri, in pensieri e in intenzioni.

Ognuno di noi deve passare attraverso il giallo smagliante prima di poter sperare di progredire sul cammino della sua evoluzione.

Verde

Il verde è il colore della guarigione, dell'insegnamento, della crescita fisica.

- I grandi medici e i chirurghi hanno molto verde nella loro aura ma anche del rosso, e, cosa curiosa, questi colori si mischiano armoniosamente, senza la minima dissonanza.

Su una stoffa il rosso e il verde urtano l'occhio ma in un'aura essi piacciono. Il verde, accompagnato da un bel rosso, rivela il chirurgo ottimo, l'uomo competente. Il solo verde, senza tracce di rosso, si trova presso i medici, o le infermiere dedicate al loro mestiere.

- Il verde accompagnato da un bel blu indica la riuscita nell'insegnamento.

Alcuni grandi professori hanno del verde nella loro aura con delle strisce di un blu elettrico e si distinguono spesso fra i raggi delle linee sottili di giallo dorato, che indicano che il professore è del tutto dedito ai suoi allievi e possiede l'elevata spiritualità indispensabile alla sua vocazione.

- Tutti coloro che si occupano della salute degli uomini e degli animali hanno molto verde nella loro aura.

Essi non sono sempre grandi professori, ma amano la loro professione e la compiono sempre bene. Il verde non è, tuttavia, un colore dominante, ed esso è sempre accompagnato da un altro colore.

È un buon colore e indica che colui che ha molto verde nella sua aura è un essere pietoso, fondamentalmente buono.

- Ma se il verde diventa giallo, non si può aver fiducia in quella persona, e quanto più domina il giallo, tanto più bisogna diffidarne.

Gli scrocconi hanno una spiacevole aura di un verde-giallo. D'altra parte, se il verde diventa blu, di solito, un bell'azzurro celeste o un bel blu elettrico, la persona è perfettamente onesta.

Azzurro

Il colore azzurro e violetto fanno parte degli aspetti più evoluti dell'essere, in quanto la vibrazione è molto elevata.
L'aura azzurra è spesso associata alla chiarezza mentale, all'ispirazione e alla tranquillità interiore.

- E' presente negli individui con grandi virtù umane infuse dallo spirito, poiché essi sono in grado di incanalarle e portarle sulla terra per evolverla.

Indica una persona che ha una mente calma e aperta, capace di vedere le situazioni con lucidità e di comunicare in modo chiaro. L'aura azzurra può anche indicare una connessione con il piano spirituale superiore e una profonda saggezza interiore.

- Se intenso e brillante indica capacità realizzative fuori dal comune, che si manifestano anche come servizio verso gli altri.

Un azzurro scuro denota introversione, paura, masochismo, scarso amore verso la vita.
Se l'azzurro è macchiato di rosso scuro, è pesante tirannia e desiderio di dominio.

- Se chiaro e luminoso, indica persone dotate di grande spirito umanitario e altruistico.

Un azzurro scuro e sporco denota introversione, paura, masochismo, scarso amore verso la vita.

Blu

Si considera spesso questo colore come quello del mondo spirituale: indica anche le facoltà intellettuali, ma, naturalmente, per essere favorevole, deve essere della sfumatura voluta.

- Il corpo etereo è bluastro, come il fumo di un fuoco di bosco.

Più quel blu è luminoso, più la persona è vigorosa.

- Il blu pallido è tipico degli esseri timorosi, indecisi, vellcitari.
- Il blu scuro è quello della persona che progredisce, che fa degli sforzi.

Se il blu diventa ancora più scuro, questo rivela la persona che prende a cuore il suo dovere, e ne ricava soddisfazione.

- Questi blu scuri si riscontrano spesso nei missionari che hanno una vocazione.

Si può sempre giudicare una persona dalla tinta chiara del suo giallo e dalla tonalità scura del blu.
Il Blu indica una profondità di sentimenti, l'amore, la verità, la dedizione, la tranquillità, la tenerezza e l'affetto.
Un blu picchiettato d'oro è molto spirituale, invece, un blu con striature nere è sopratutto delle persone che fanno uso di potere egoisticamente.

Violetto

L'aura viola è spesso associata alla spiritualità, all'intuizione e alla trasformazione.

Questo colore indica una persona con una forte connessione con il regno spirituale e una grande consapevolezza interiore.

Luminoso indica grande ispirazione, devozione, misticismo.

- Scuro indica il massimo grado di conoscimento evolutivo (perciò spesso si usa il viola nella meditazione).

L'aura viola può anche indicare una profonda saggezza e un'apertura alla crescita personale e spirituale.

Indaco

Misto di intuizione spiritualità.

- Un'aura in parte costituita da questo colore rappresenta che una persona sta acquisendo un certo stato di conoscenza, anche spirituale.

Se una tinta rosata è mescolata all'indaco, la persona ha cattivo carattere: il rosa, infatti, è degradante e priva l'aura della sua purezza.

- L'indaco è una tonalità "magica" che occupa una posizione centrale.

È considerato uno dei colori più rari da osservare in natura.
Le condizioni atmosferiche devono, infatti, essere perfette affinché lo si possa vedere chiaramente.
L'indaco è collegato al terzo occhio e alla saggezza interiore.
La sua presenza nell'arcobaleno aggiunge un tocco di magia.
Osservare l'indaco può ispirare sentimenti di calma e
tranquillità.

- Crea, inoltre, un legame emozionale tra l'uomo e la natura.

Il terzo occhio è un concetto simbolico e spirituale presente in molte tradizioni esoteriche e religiose: rappresenta un centro di percezione interiore situato idealmente tra le sopracciglia, associato alla ghiandola pineale nel corpo fisico.
È considerato la sede dell'intuizione e della visione, oltre che della realtà materiale e della consapevolezza superiore.
Nello yoga e nell'induismo, corrisponde al sesto chakra (Ajna): la sua "apertura" simboleggia l'accesso a una conoscenza più trascendente.

Bianco

La manifestazione del bianco indica grande purezza.

Mentre il bianco lattescente, "pesante", rivela una mancanza di sicurezza, il bianco luce rivela una costante elevazione dei pensieri e l'espansione dell'amore sia come radianza sia come azioni.

Se al bianco luce si accompagnano riflessi dorati, si può parlare di "luce cristica".

Nero

La presenza del nero è solo un fatto sporadico in un'aura.

- Evidentemente indica un principio di "non luce", come una violentissima collera o una manifestazione di odio.

Sono rare le persone che veicolano masse nere in permanenza nel loro essere sottile: in questo caso, portano dentro di sé un'energia distruttiva che si trasforma in autodistruzione, o sotto forma psichica, o con certi tipi di malattie.

Nelle persone più oscure, la zona nera è striata di lampi rossi.

E' un colore che può esprimere grandi paure, un periodo di pessimismo totale, intrusioni psichiche esterne, debolezza mentale e materialismo ormai cristallizzato.

- Ma il nero rappresenta anche un'apertura nello spazio, come una porta su di un'altra realtà.

Opposto alla luce, la sua oscurità non è detto che non sia il tramite per accedere a una più profonda e onesta "chiarità": quindi, mettiamo da parte pregiudizi e conoscenze radicate su questo affascinante "colore/non-colore" e osserviamo il tutto con imparzialità.

Grigio

Il grigio modifica i colori dell'aura.

- Esso non significa niente in se stesso, a meno che la persona non sia pochissimo evoluta.

Il grigio che invade un colore indica debolezza di carattere e di salute: se vi sono strisce grigie al di sopra di un organo, quell'organo sarà presto malato, ed è urgente consultare un medico.

La persona che soffre di emicranie avrà una specie di nuvola grigia nell'alone, e, qualunque sia il colore dell'alone, le strisce grigie lo traverseranno vibrando al ritmo delle fitte del mal di testa.

L'Aura e i sette chakra

L'Aura è strettamente legata ai sette chakra, che sono centri energetici del corpo.

- Ogni chakra è associato a un colore specifico e governa diversi aspetti del benessere fisico, emotivo e spirituale di una persona.

Lo stato dell'aura spesso riflette la condizione dei chakra, poiché gli squilibri in questi centri energetici possono manifestarsi nell'aura.

- Chakra della Radice (Rosso): legato alla sopravvivenza, al radicamento e alla salute fisica.
  Un'aura rossa può indicare una persona fortemente connessa al proprio corpo fisico e ai bisogni della terra.
- Chakra sacrale (Arancione): Governa la creatività, le emozioni e l'energia sessuale.
  Un'aura arancione brillante mostra una vibrante energia creativa, mentre un arancione più scuro può suggerire blocchi emotivi.
- Chakra del plesso solare (Giallo): Legato alla fiducia, all'intelletto e al potere personale.
  Un'aura gialla riflette una persona con un'alta autostima e una forte forza di volontà.
- Chakra del cuore (Verde): Rappresenta l'amore, la compassione e la guarigione.
  Un'aura verde suggerisce una natura compassionevole, mentre un chakra del cuore squilibrato potrebbe manifestarsi come un verde pallido o torbido.
- Chakra della gola (Blu): Associato alla comunicazione e all'espressione di sé.
  Un'aura blu brillante è sinonimo di comunicazione chiara e di veridicità.

- Terzo Occhio Chakra (Indaco): legato all'intuizione, all'intuizione e alla consapevolezza spirituale.
  Un'aura indaco indica un'elevata percezione spirituale e forti capacità intuitive.
- Crown Chakra (Viola/Bianco): Governa la connessione spirituale e l'illuminazione.
  Un'aura viola o bianca suggerisce una profonda consapevolezza spirituale e una forte connessione con l'energia universale.

Comprendendo la connessione tra l'aura e i chakra, gli individui possono lavorare per bilanciare i loro centri energetici e, a loro volta, armonizzare la propria aura.

Le Nadi

Le Nadi sono le vie di comunicazione che attraversano i corpi sottili veicolando il prana volto al mantenimento della vitalità dei centri energetici; si presentano come canali luminosi che, incrociandosi, creano un punto di attivazione nell'organismo.
Non sono ovviamente visibili a occhio nudo, in quanto si tratta di vie energetiche non osservabili sul piano fisico, anche se lo influenzano.
L'insieme delle nadi nel corpo umano forma un vero e proprio circuito in cui l'energia assimilata tramite il respiro scorre in tutto il corpo, esattamente come il sangue che fluisce attraverso sistema circolatorio.

- Insieme ai chakra, all'energia kundalini e agli organi eterici, il prana e le nadi formano il corpo sottile, un campo di energia che convive con il nostro corpo fisico, nutrendolo e fornendogli sostentamento energetico.

Corpo fisico e corpo sottile sono strettamente legati e si influenzano l'un l'altro: i ristagni di energia mentale ed emotiva si riflettono, infatti, sulla sfera fisica.
L'essere umano è un insieme di meccanismi energetici strettamente legati tra loro, come gli ingranaggi di una macchina: va da sé, quindi, che per risanare un blocco di energia è necessario un lavoro olistico che coinvolga sia la sfera fisica sia quella mentale ed emotiva.
Secondo la visione indiana e più prettamente yogica, il corpo umano è attraversato da circa 72.000 canali trasportatori di energia che partono dalle dita dei piedi e delle mani, percorrono l'intero organismo e arrivano al cuore, centro della spiritualità, e da qui salgono sino al vertice del capo, centro di congiunzione tra il corpo fisico e l'universo circostante.

Il complicato sistema delle Nadi, una sorta di rete sottile di canali (in sanscrito nadi significa letteralmente "vena", "canale"), ha la funzione di collegare e convogliare le diverse energie vitali, attraverso le parti del corpo umano e i vari centri sottili (Chakra) del corpo umano. Essendo in pratica dei canali costituiti di energia, le Nadi ovviamente non sono visibili a occhio nudo; tuttavia, la maggior parte delle Nadi ha un corrispettivo fisico ben determinato, che può corrispondere a un fascio nervoso, un condotto arterioso o venoso o linfatico.

Alcune Nadi, però, possono non avere corrispondenze a livello fisiologico, come nel caso del Vaso di Concezione, che viene contemplato da discipline come lo Shiatzu e l'Agopuntura ed è situato in senso verticale nella parte centrale e anteriore del torace. Per la loro struttura astrale, le Nadi sono state suddivise in 3 categorie:

- Grossolane, misurabili attualmente anche attraverso apparecchiature in grado di misurare la potenzialità energetica tipo l'EAV e potenziabili con strumenti come gli aghi nell'Agopuntura cinese o le Asanas nello Yoga.
- Sottili, sviluppabili tramite tecniche respiratorie come il Pranayama.
- Ipersottili, sulle quali si può agire solamente con pratiche Yoga, tra cui la concentrazione, la meditazione, i Koan dello Zen e così via.

Gli antichi Yogi descrissero la Nadi come una specie di cavo elettrico composto da tre strati concentrici così chiamati: Sira, che è la parte più interna, Damani, lo strato intermedio e Nadi che definisce sia l'organo nel suo insieme che lo strato più esterno.

Le diverse energie trasportate sono:
- Prana l'energia vitale, ascendente e fresca.
- Apana l'energia tiepida discendente.
- Sapana l'energia mediana e calda.

- Vyana l'energia oleosa che permette i movimenti di tutte le membra.

Le Nadi s'incrociano lungo la colonna dei chakra principali e secondari, anche questi ultimi centri privilegiati di contatto fra il corpo materiale e il corpo energetico. Non è possibile averne la certezza, ma nella funzione delle Nadi sembra essere compresa quella dei sistemi nervosi, anche se queste funzioni non sono ancora integralmente note.

In realtà non è corretto, però, definire Nadi e Sistema Nervoso come la stessa cosa: meglio dire che le Nadi controllano anche le funzioni nervose. Quello che è certo, e che sempre più interessa la moderna neurofisiologia, è che c'è un rapporto strettissimo tra il respiro da ciascuna narice e l'attivazione del relativo emisfero cerebrale; nello yoga classico, infatti, grandissima importanza hanno i Pranayama a narici alternate.

- Tutte le nadi sorgono dal Kanda, che è nella giunzione dove la Sushumna nadi è connessa con il Muladhara chakra (il primo chakra); alcuni dicono che questo Kanda è dodici pollici sopra l'ano.

Delle innumerevoli nadi, quattordici sono considerate le più importanti. Esse sono:

1. Sushumna
2. Ida
3. Pingala
4. Gandhari - relativa all'occhio destro.
5. Hastijihva - relativa all'occhio sinistro.
6. Kuhu - relativa agli organi riproduttivi.
7. Sarasvati - è situata nella parte occidentale dell'ombelico.
8. Pusha - relativa all'orecchio destro.
9. Sankhini - relativa al retto.
10. Payaswini

11. Varuni

12. Alambusha - relativa alla bocca.

13. Vishvodhara

14. Yasashvini - relativa all'orecchio sinistro.

Tutte queste nadi hanno origine dal kanda; sono poste ai lati di Sushumna, Ida e Pingala, e vanno in diverse parti del corpo per compiere certe funzioni particolari: sono tutte nadi sottili e innumerevoli nadi minori nascono da queste.

Tre sono le Nadi considerate le principali in quanto governano l'intera circolazione del Prana nei processi corporei: Ida, Pingala e Sushumna, che è la più alta e la più ricercata dagli yogi; le altre nadi sono subordinate a essa.

Mentre Sushumna scorre all'interno del canale centrale del midollo spinale, Ida e Pingala scorrono simultaneamente lungo la superficie esterna del midollo, ma sempre all'interno della parte ossea della colonna vertebrale.

- Ida, la cui energia dona rilassatezza e pazienza, ha un'azione calmante e influenza l'emisfero destro del cervello. Definita anche "energia passiva".

- Pingala, la cui energia dà vitalità e forza, un'azione stimolante e influenza l'emisfero sinistro del cervello. Definita anche "energia attiva".

- Sushunma, il canale della vita e dell'energia equilibrata, il pilastro centrale delle nadi di tutto il corpo.

Ida, Pingala e Sushumna si incontrano lungo la colonna vertebrale in tre punti:

- Nel Muladhara Chakra (il primo chakra) dove danno origine a Brahma Granthi.

- Nell'Anahatha Chakra (il quarto chakra) dove danno origine a Vishnu Grnathi.
- Nell'Ajna Chakra (il sesto chakra) dove danno origine a Shiva Granthi.

Ida

Ida è la nadi che parte dal lato sinistro di Muladhara chakra (il primo chakra) e, avvolgendosi intorno a Sushumna, termina sul lato sinistro di Ajna Chakra (il sesto chaktra), in corrispondenza della narice sinistra; è collegata al lato sinistro del corpo e al lobo destro del cervello.

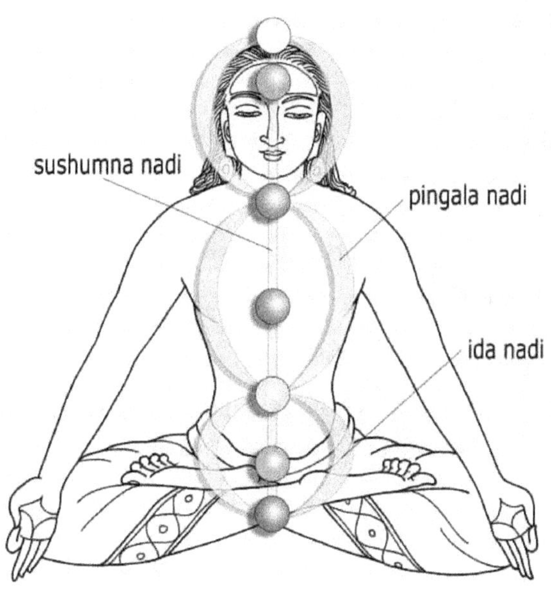

Ha un tipo di energia fredda, lunare, femminile: si può facilmente paragonare allo Yin del Tao cinese, avendo una funzione di contrazione e calmante: il fatto che influenzi l'emisfero destro del cervello, quello della creatività e dell'intuito, è un altro richiamo alla femminilità di questo tipo di energia e al dualismo dell'essere umano.

Quando sentiamo il respiro fluire nella narice sinistra l'energia di Ida Nadi è più attiva dentro di noi, l'energia mentale è dominante, la mente è introversa e qualsiasi lavoro mentale, di pensiero, di concentrazione può essere intrapreso.

Ida è associata al sistema nervoso parasimpatico, che trasmette degli impulsi ai differenti visceri con la finalità di stimolare i processi interni; crea uno stato generale di rilassamento a livello dei muscoli superficiali, abbassando la temperatura esterna del corpo.

- Ida è, quindi, considerata come rinfrescante, e che porta all'introversione.

Alcuni testi affermano che Ida si eleva direttamente da Muladhara a Ajna senza mai incrociare le altre nadi.

Quest'affermazione spiega forse, simbolicamente, il fatto che i campi energetici di Ida governano la parte sinistra della colonna vertebrale e tutta la parte sinistra del corpo.

Gli organi del nostro corpo sono polarizzati come una calamita; Ida governa la parte sinistra del corpo e pingala la parte destra.

L'energia veicolata da questa Nadi è la polarità negativa, intesa come flusso di Citta, l'energia mentale della coscienza.

Pingala

Pingala è la nadi che parte dal lato destro di Muladhara Chakra (il primo chakra) e, avvolgendosi intorno a Sushumna, termina sul lato destro di Ajna Chakra (il sesto chakra) in corrispondenza della narice destra. Pingala governa tutta la parte destra del corpo e il lobo sinistro del cervello.

L'energia che vi scorre è opposta, quindi calda, solare, maschile, lo Yang, quindi una funzione di dilatazione, di distensione e attivazione; l'energia di Pingala influenza l'emisfero sinistro del cervello, quindi, la parte logica e razionale e rappresenta la parte maschile dell'essere umano.

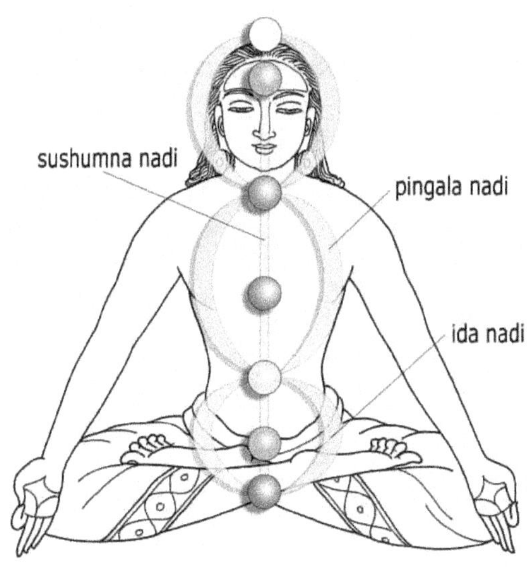

Quando il respiro fluisce prevalentemente in questa narice, l'energia vitale è più attiva, permettendo all'individuo di fare lavoro fisico, digerire cibo e così via. La mente è estroversa ed il corpo genera più calore.

- Se Pingala fluisce durante la notte, il sonno diventa inquieto e disturbato.

Essa rappresenta la positività ed è chiamata surya nadi, la nadi solare, poiché la sua energia è tonificante come quella dei raggi del sole.

- Pingala attiva il corpo fisico e orienta la coscienza verso l'esterno: è associata al sistema nervoso simpatico che libera l'adrenalina per stimolare la muscolatura superficiale.

Il sistema nervoso simpatico prepara il corpo a tener testa allo stress è alle attività esteriori; è lui che, ad esempio, accelera il ritmo cardiaco e aumenta la temperatura del corpo.

Il flusso di aria nella narice destra è manipolata per attivare o frenare l'attività di pingala: dal punto di vista mentale, in Pingala il senso dell'Ego è incoraggiato e la consapevolezza è rivolta verso l'esterno.

Sushumna

Sushumna è il canale centrale, dove scorre la forza della Kundalini.

Si posiziona esattamente come la spina dorsale, al centro del corpo, e l'energia al suo interno rappresenta la vita: è equilibrata e precisa rispetto a quella fredda di Ida e quella calda di Pingala. Parte dal chakra della radice e arriva fino alla testa, al chakra della corona, per questo motivo è molto importante che la sua energia sia sempre bilanciata per non creare squilibri nel corpo e negli altri centri energetici. Sushumna è il più importante dei canali di energia.

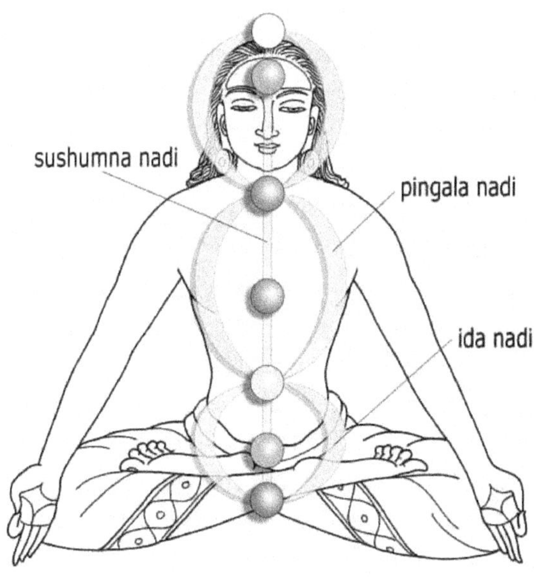

Si situa nel Merudanda (Danda: bastone; Meru: la montagna asse del mondo della mitologia Indu), ovvero nell'asse cerebrospinale che parte dall'estremità inferiore del tronco fino ad arrivare all'estremità della testa, la cosiddetta corona. Sushumna viene descritta come di colore rosso fuoco (Agni).

Presso la religione induista, Agni è il dio del fuoco, figlio del cielo e della terra, è una divinità vedica che rappresenta le forze della luce; è, inoltre, un invincibile guerriero ed è il signore del luogo della cremazione e del fuoco della foresta; suo è il "calore" generato nelle pratiche yoga.

- La sua principale manifestazione è "il fuoco che brucia sull'altare dei sacrifici".

Brucia i demoni che minacciano di distruggere tali sacrifici ed è un mediatore tra gli dèi e gli umani da cui i sacerdoti comprendono molto sulla vita dell'aldilà.

In questa divinità persiste anche la concezione di "fuoco universale" che nell'uomo s'individua nel calore della digestione (infatti, secondo l'Ayurveda, Agni è il fuoco vitale, che anima tutti i processi biologici, e rappresenta il metabolismo digestivo) e nel moto animico della collera e del "bruciante pensiero".

- Ad Agni è legato il numero 7: infatti, 7 sono le madri, le sorelle e i raggi da cui è circondato.

E' raffigurato in forma di uomo rosso con due teste, quattro braccia e tre gambe, occhi scuri e fiamme che gli fuoriescono dalla bocca, sempre a cavallo di un ariete (infatti, da Agni deriva il segno zodiacale dell'Ariete, che è appunto un segno di fuoco). Suhumna è, quindi, la nadi che corre esattamente al centro della colonna vertebrale ed è sovrapponibile, come posizione e funzione, al sistema nervoso cerebrospinale.

Si dice che nelle normali condizioni di esistenza Sushumna sia dormiente in tutti gli esseri; perciò, finché Sushumna è in questo stato non espresso, tutte le altre Nadi sono alternativamente sotto l'influenza positiva e negativa di Ida e Pingala.

Le Nadi sono attive quando il flusso del respiro fluisce attraverso la loro narice corrispondente.

- Quando Ida è attivo abbiamo la narice sinistra libera e respiriamo con essa, è funzionante la parte destra del cervello che è quella irrazionale dove dominano le emozioni, l'intuizione, le percezioni.

- Viceversa, quando Pingala è attivo la narice destra è libera e funziona la parte sinistra del cervello, quella razionale dove dominano l'intelletto, la logica, l'analisi, il pensiero, l'azione.

- Questo alternarsi delle energia da una Nadi all'altra, in media ogni 90 minuti, mantiene l'apparenza del mondo, ma quando sono in equilibrio, nessuna delle due Nadi prevale sull'atra, l'energia scorre in Sushumnai. Allora le due narici sono libere, l'energia Kundalini si muove lungo di essa, i due emisferi del cervello sono attivi contemporaneamente, l'illusione del mondo cessa e la Verità ci appare chiara.

Oltre ai tre canali principali ve ne sono altre migliaia di dimensioni inferiori che provvedono a irradiare di energia ogni singola parte del reticolo che costituisce il corpo eterico e, di riflesso, quello fisico.

Un calo del livello di energia in una qualsiasi parte di questa rete provoca un indebolimento nel sistema difensivo e immunitario più propriamente fisico; nel caso di un protrarsi di questo squilibrio gli effetti non tardano a esteriorizzarsi sottoforma di malattie o disturbi più o meno gravi.

Ripristinare il flusso energetico all'interno del proprio involucro eterico e contribuire a mantenerlo efficiente e carico è uno degli obiettivi dello Yoga, che costituisce una barriera contro le influenze negative circostanti.

L'innalzamento dell'energia pranica, attraversando i 7 chakra, porta a uno sviluppo dei corpi sottili corrispondenti e la conseguenza di uno stato di perfetto equilibrio tra corpo, mente e anima; più riusciamo a sviluppare la corrente energetica che li attraversa e più il nostro prana diventerà un potente strumento da utilizzare quando necessario.

Un'insufficiente propagazione dell'energia sottile nelle nadi porta alla conseguente insufficienza circolatoria nel piano fisico che si traduce in una cattiva circolazione sanguigna, a problemi cardiaci e al cattivo funzionamento dell'apparato respiratorio.

Il respiro è strettamente legato a queste nadi, non solo per immettere l'energia (prana) nel corpo sottile, ma anche perché Ida e Pingala sono entrambe associate a una narice: quella destra è regolata da Pingala, mentre quella sinistra da Ida.

Il ciclo nasale, che regola l'apertura di una narice piuttosto che l'altra, è un atto fisiologico del corpo umano e avviene senza che ce ne accorgiamo.

È influenzato dal lavoro delle nadi, poiché la loro alternanza fornisce energia in maniera bilanciata a uno e poi all'altro emisfero: quando è la narice sinistra a essere attiva, le attività dell'emisfero destro vengono acuite, mentre accade il contrario quando è il turno della narice destra.

Tramite lo yoga e la respirazione controllata (il Pranayama), possiamo respirare con entrambe le narici aperte e rifornire di energia anche Sushumna, in modo da equilibrare tutto l'organismo, aiutando a pacificare i disordini del corpo e raggiungere uno stato di coscienza superiore, come durante la meditazione.

Aura Eterica

È lo strato più vicino al corpo fisico.
Caratteristiche:

- Colore bluastro o grigio.
- Spessore di pochi centimetri.
- Collegato alla salute fisica.

Funzione: distribuzione dell'energia vitale.

E' il primo "guscio", molto sottile, appena più grande del corpo fisico, ma vibra a un livello più elevato di quello fisico: questo corpo sottile è solitamente chiamato corpo eterico, ed è molto facile da vedere anche a occhio nudo, utilizzando buone condizioni di luce e un po' di pratica.

- Il corpo eterico viene anche definito doppio eterico, perché è la copia esatta del corpo fisico.

Per i chiaroveggenti appare come un doppio corpo, un'energia che circonda il corpo fisico per intero, comprese tutte le sue parti: il corpo eterico è il veicolo del Prana.
Il Prana, o Energia Vitale, viene assorbito dal corpo eterico attraverso i suoi organi che sono i Chakra e distribuito in tutto il corpo energetico tramite una rete di canali energetici detti Nadi che, come la rete artesiosa e venosa, portano il nutrimento in tutto il corpo energetico e, quindi, fisico.

- Infatti, i Chakra si trovano sulla superficie del corpo eterico e quelli maggiori sono davanti agli organi più importanti.

La sua funzione sarebbe quella di organizzare e strutturare il corpo fisico, impedendone la disgregazione dovuta alle forze del disordine insite nelle sue componenti inorganiche.

- L'aura eterica è associata a tutti quanti gli aspetti e i processi fisici, non solo, rappresenta anche la consapevolezza ed è strettamente legata al primo chakra, Muladhara, quello della radice.

Tra tutti e sette gli strati dell'aura, è lui che viene considerato quello più materiale, nonostante questo è bene ricordarci che resta pur sempre una vibrazione energetica: chi cerca di vedere l'aura, normalmente è lo strato eterico il primo che riesce a vedere.

Alla vista, il corpo eterico sembra un alone luminoso emanato dal corpo fisico, come se il nostro organismo fosse una lampada a bassa intensità.

- I corpi sottili esterni sono sempre meno visibili a occhio nudo, più si procede dal corpo fisico verso quello spirituale, più le energie si fanno rarefatte.

Gli strati di energia sono, quindi, sempre più estesi e sono più arrotondati, seguendo molto meno il contorno, la silhouette del corpo umano. La salute di questo corpo energetico è direttamente collegata alla quantità e qualità dell'energia vitale dell'individuo: a questo livello sono immediatamente individuabili zone di blocchi (carenza energetica) o zone di accumulo (solitamente visibili intorno a ferite o traumi), dove l'energia si addensa per facilitare la guarigione.

- L'Aura Eterica è quella che ci fa percepire le sensazioni fisiche: quando avvertiamo un dolore, nell'aura eterica si crea una disfunzione.

- L'Aura Eterica sporge dal corpo fisico da 0,5 a 5 cm ed è composta da una serie di linee luminose di un colore che va dall'azzurro chiaro al grigio.

I colori principali sono due: l'aura eterica può essere vista di un colore grigio bluastro, alcune volte molto più tendente al grigio. Quando ciò accade significa che la persona è molto attiva.

Quando, invece, è di un bel colore blu acceso, rappresenta uno stato d'animo tranquillo, indica che la persona è in una condizione molto più passiva e introspettiva.

- La lettura di questo strato dell'aura ci consente di capire qual è lo stato di salute del nostro corpo, è una prima indicazione importante che ci permette di imparare un passo per volta a conoscerci meglio.

In quest'aura confluiscono tutte le sensazioni fisiche, la vitalità fisica e le riserve energetiche del corpo.

Un'aura eterica forte conferisce vigore fisico, vita sessuale e sensuale soddisfacente, appetito corretto, sonno regolare.

- Come detto, l'Aura Eterica segue le forme del corpo fisico e, alimentandosi attraverso il Triplice Riscaldatore, irradia l'energia pranica in tutto il corpo.

Il triplice riscaldatore è incaricato di trasformare gli alimenti in energia, ed è perciò suddiviso in tre parti:

- Quella centrale, che si occupa più propriamente di questa trasformazione, generando un flusso di energia pura, che viene indirizzata verso l'alto dalla parte superiore del focolare.

- All'altezza dei polmoni questo flusso si mescola con l'energia cosmica penetrata attraverso l'aria, andando a costituire la prima forma di energia di cui si serve l'essere umano.

- Viene poi generato anche un flusso di energia impura, trattata, invece, dalla parte inferiore dell'organo.

Dopo una prima depurazione essa giunge, attraverso un canale interno, fino ai reni, dove viene ulteriormente depurata; l'energia di scarto finisce nell'urina, mentre quella purificata percorre un canale che collega i reni al fegato, e di qui al meridiano della cistifellea.

- Quest'ultimo fuoriesce, infine, all'altezza dell'angolo esterno dell'occhio, determinando l'alternanza degli stati sonno-veglia.

In definitiva, il triplice riscaldatore è caratterizzato da numerose connessioni energetiche con le altre parti del corpo e rappresenta in generale l'organo della vitalità.

I Blocchi nell'Aura Eterica

Nell'Aura Eterica possono esserci dei blocchi e chi si occupa della sua lettura cerca, appunto, di scoprirli. Possiamo lavorarci anche con le pietre; una delle più comuni in questo caso è il cristallo di rocca, ma vanno bene anche tutte le pietre rosse e nere: chiaramente sono da scegliere in base al problema.
Vediamo quando ci sono i blocchi a questo livello e quali sono i sintomi che possono comparire:

- E' possibile che delle volte non riuscite a riconoscere il vero pericolo, oppure al contrario, lo vedete in qualsiasi persona o situazione; potreste aver paura di ogni cosa, così come non averla di niente e andare incontro a situazioni pericolose senza rendervene conto.
  Un'aura eterica bloccata porta ad avere una poca sicurezza in se stessi, mentre altre persone potrebbero avere questo aspetto accentuato ed essere perciò troppo sicuri.

- Al contrario, quando l'aura eterica è in buona salute, avete un giusto senso del pericolo; riconoscere quello reale da quello immaginario, probabilmente non avete particolari fobie che compromettono la vita di tutti i giorni.
  Vi sentite sicuri di voi e delle vostre capacità, non vi sopravvalutate ma neanche vi sminuite.

- Trascurate o curate all'estremo il vostro corpo, altre volte arrivate a danneggiarvi e trascurare anche il vostro stato di salute; nel suo opposto, tendete all'ipocondria, la germofobia: in pratica avete paura di tutto o di una specifica cosa, temendo che possa portarvi a seri problemi.

Vi sentite poco vitali oppure con una vitalità tale da non contenerla. Ancora, la vostra vita sessuale è insoddisfacente, potreste tendere a fingere oppure, a cercare stimoli eccessivi. Non dormite bene, forse soffrite d'insonnia o magari dormite tanto e quando vi svegliate continuate a sentirvi stanchi. Avete disturbi legati all'appetito, il vostro rapporto con il cibo è controverso.

- Al contrario, quando l'aura eterica è in buona salute, curate il vostro corpo senza esagerare o avervi un rapporto conflittuale, avete una vita sessuale soddisfacente, un buon rapporto con il cibo, dormite bene la notte e siete pieni di energia.

Chiaramente è perfettamente normale sentirsi alcune volte più affaticati, demotivati, irritati, assonnati; siamo esseri umani e non siamo sempre ogni giorno in perfetta forma.

Quindi, sia quando si parla di squilibri che di equilibrio, bisogna riconoscere quando lo stato è cronico o momentaneo.

Aura Emotiva

Rappresenta le emozioni.
Caratteristiche:

- Colori in continuo movimento.
- Forma fluida.
- Emozioni forti producono colori intensi.

Il Corpo emotivo segue il contorno del corpo fisico, ma appare più fluido rispetto al corpo eterico; a differenza del corpo eterico, che segue fedelmente i contorni del corpo fisico, il corpo emotivo è composto da volute di energia vivacemente colorata che fluttua costantemente e si estende per una decina di centimetri rispetto al corpo fisico.

Il Corpo emotivo è associato ai nostri sentimenti interiori e contiene tutti i modelli emotivi che determinano ciò che ci piace e non ci piace, il piacere sessuale, come ci sentiamo con noi stessi e come interagiamo con gli altri.

Questo corpo è, quindi, legato alla consapevolezza delle proprie emozioni e dei propri sentimenti.

I colori di questa aura cambiano a seconda della natura dei sentimenti che una persona prova verso se stessa: se questi sentimenti sono positivi e la persona ha un buon rapporto con se stessa, gli addensamenti energetici del corpo emotivo saranno simili a nuvole con una colorazione vivace e ricca di tonalità; invece, se la persona prova sentimenti negativi verso se stessa, si avranno degli addensamenti dai colori più cupi e meno brillanti.

Le nubi di energia di questo corpo scorrono lungo le linee strutturali del primo corpo energetico.

- Chi vive in serenità con se stesso sarà in grado di mantenere la sua aura equilibrata, creando così una barriera in grado di intercettare e neutralizzare le energie negative.

Se il corpo emotivo si presenta carico e vitale, significa che il soggetto nutre un buon rapporto con se stesso, ossia si sente a proprio agio.

- Chi invece blocca le sue emozioni o le inquina con odio, rancore, insicurezza, paura, creerà dei blocchi nei flussi di energia, che si manifesteranno nell'aura come addensamenti scuri e opachi, che alla lunga porteranno all'indebolimento del corpo fisico.

Se il corpo emotivo è scarico e debole ,è possibile che non si riesca a percepire i propri sentimenti o che siamo inconsapevoli di nutrirli. Una colorazione intensa, ma scura e stagnante, indica che il soggetto prova nei propri confronti sentimenti molto negativi, come l'odio e, quindi, vive in uno stato di depressione.

- Di conseguenza, il problema si riflette anche sul corpo fisico, in quanto tali blocchi impediscono un corretto funzionamento dell'organismo.

Viene anche chiamato corpo del desiderio, per descrivere in modo più semplice la tipologia di frequenze che vengono organizzate in questo corpo sottile; le emozioni che proviamo emettono una frequenza, una vibrazione, questa viene emessa e trasmessa intorno a noi e ha una densità, una rarefazione, maggiore del prana che ci circonda e meno dei nostri pensieri.
Da subito è importante non immaginare gli strati dell'aura come delle barriere immobili: queste sono, invece, permeabili e i loro confini aumentano e diminuiscono in modo dinamico.

- L'Aura Emotiva sporge dal corpo di circa 10 cm ed è il secondo "guscio".

- Ha uno spessore di circa 20 cm ed è formata da una serie di linee di luce di colore giallo concentrate attorno alla testa e alle spalle, da dove scendono a "ricoprire" tutto il corpo.

La sua energia è in continuo movimento ed è in grado di cambiare continuamente le proprie dimensioni; dopo la morte lascia il corpo fisico, ma può allontanarsi spontaneamente dal corpo anche in occasione di incidenti gravi, di stati comatosi o procurati da sostanze stupefacenti. Il Corpo emotivo è sostanzialmente legato al ciclo vitale della materia vivente e del corpo fisico e può sopravvivere al loro dissolvimento solo per un limitato periodo di tempo: si dissolve entro 3-5 giorni dalla morte del corpo fisico.

- È collegato al secondo chakra, il chakra sacrale, e contiene tutte le nostre emozioni, sentimenti e sensibilità come gioia, dolore, amore e odio.

Il corpo emozionale, a questo punto dell'evoluzione, è per la maggior parte degli esseri umani il più dominante di tutti i corpi aurici, perché è qui che la coscienza umana è costantemente focalizzata, guidata dalle nostre reazioni incontrollate e dai nostri desideri egoistici (rabbia, dolore, stress, paura, preoccupazioni, ansia, odio, desideri.

E' qui che si focalizza la maggior parte della coscienza umana, in questo strato nascono la maggior parte dei problemi fisici e delle malattie.

Grazie ai flussi di energia emozionale che sovrastimolano o sottosimolano i centri energetici (i chakra) e di conseguenza le ghiandole endocrine, si può notare come atteggiamenti emotivi non bilanciati verso se stessi o verso gli altri creano condizioni non salutari che producono malattie e disturbi.

Quando nella nostra dimensione cosciente non tolleriamo uno schema emozionale doloroso, quando blocchiamo o sopprimiamo una determinata energia emotiva, facciamo energeticamente decadere questo schema nei corpi sottili di livello inferiore: potrebbe precipitare nel corpo eterico, dove può dare luogo a contrazioni muscolari o blocchi energetici e a volte fino nel corpo fisico (la cosiddetta "somatizzazione") diventando un disturbo a un organo o una malattia sistemica.

Aura Mentale

Rappresenta pensieri e processi mentali.
Caratteristiche:

- Tonalità gialle o dorate.
- Più stabile rispetto al corpo emotivo.

Il corpo mentale si trova ancora più distante dai confini del corpo umano; è più sottile del corpo emotivo e possiede un'aura, detta aura mentale, che compenetra il corpo astrale, il corpo eterico e il corpo fisico; in questo campo energetico sono contenute le funzioni e le energie della sfera psichica.

Ogni pensiero trasmette una frequenza vibrazionale e siamo sempre avvolti dal campo energetico creato dai nostri pensieri: interagendo con gli altri, i campi di ognuno si intersecano e queste vibrazioni possono essere percepite.

Non si tratta di lettura del pensiero, ma di percezione di frequenze; ogni tanto ci rendiamo conto che qualcuno ci sta guardando anche se siamo voltati, ci rendiamo conto che succede qualcosa di strano nella mente dell'altro, anche se non lo conosciamo bene.

Le nostre energie mentali non solo sono trasmesse all'esterno, ma il corpo mentale è in grado di elaborare le energie mentali altrui.

- L'Aura Mentale ha uno spessore di circa 20 cm ed è formata da una serie di linee di luce di colore giallo concentrate attorno alla testa e alle spalle, da dove scendono a "ricoprire" tutto il corpo. Il corpo mentale non ha la forma umana come si nota nel corpo astrale ed eterico, ma ovoide.

E' la sede del pensiero razionale e definisce il nostro livello di lucidità mentale, la nostra capacità di apprendimento; se l'aura mentale e l'aura emotiva operano armoniosamente fra loro, noi ci sentiamo sicuri e a nostro agio.

- Un'aura mentale troppo forte rispetto alle due precedenti spingerà la persona a risolvere i suoi problemi con l'aiuto della ragione tagliando fuori sentimenti ed emozioni.

- Se è fragile o poco sviluppata, o ha assorbito molta negatività durante l'infanzia, l'individuo ha scarse capacità di reagire alla negatività e scarse capacità di assimilare e utilizzare la positività.

Le particelle del corpo mentale sono in continuo movimento; vi sono in esso delle striature che lo dividono più o meno irregolarmente in segmenti, ognuno dei quali corrisponde a un dato reparto del cervello fisico, di modo che ogni tipo di pensiero deve funzionare per mezzo di quel determinato reparto.

- Queste fasce o striature, che sono gruppi di particelle mentali, non sono solo sulla superficie ma riguardano tutta l'aura mentale, astrale ed eterica-fisica.

Queste fasce di particelle mentali sono connesse a un certo tipo di pensiero come, ad esempio, pensieri religiosi, scientifici, di amore, di relazione, denaro, sessualità, tecnologia.

Tutti questi pensieri corrispondono a certi gruppi di particelle mentali o fasce di particelle nell'aura mentale.

Il corpo mentale è finora così imperfettamente sviluppato nell'uomo comune, che in molti di essi una grande quantità di reparti speciali non sono ancora entrati in attività e qualsiasi tentativo di pensiero appartenente a questi reparti deve cercarsi un altro canale, anche se inadatto, ma che si trovi già completamente aperto. Ne risulta che per queste persone il pensare su dati argomenti riesce difficile e confuso

.

- Il corpo mentale deve essere sviluppato in diverse aree così può vibrare, rispondere, partecipare alle differenti richieste della vita.

Quando si ha difficoltà nella comprensione di determinati argomenti semplicemente significa che vi sono alcune fasce di particelle mentali nel corpo mentale che non sono in vibrazione sufficiente per percepire facilmente e comprendere i concetti.

Con lo studio ripetuto, con il pensiero riflessivo quotidiano, infine, il corpo mentale si sviluppa e incomincia ad essere capace di comprendere certi insegnamenti.

Le particelle del corpo mentale si muovono costantemente quando si pensa, quando si è esposti a vibrazioni mentali dei pensieri delle altre persone, quando si utilizza il corpo mentale per pensare a qualcosa. Le particelle si muovono e producono colori.

Il corpo mentale è più o meno raffinato nei suoi elementi costitutivi a seconda dello stadio di sviluppo intellettuale al quale l'uomo è arrivato.

È bellissimo a vedersi: la delicatezza e il rapido movimento delle sue particelle gli danno un aspetto di luce viva e iridescente, e questa bellezza diventa sempre più magnifica e radiosa a misura che l'intelletto si innalza, si evolve e si dedica principalmente a sviscerare argomenti puri e sublimi.

Il corpo mentale cresce tramite i pensieri che sono il materiale con cui si costruisce il corpo mentale: con l'esercizio delle facoltà mentali, con lo sviluppo di quelle artistiche e con le emozioni più elevate, si struttura il corpo mentale giorno per giorno, ogni mese e ogni anno della nostra vita.

Se non si esercitano le capacità mentali, per quanto concerne i pensieri, l'uomo rimane solo una componente ricevente e non creatrice, come quando si accettano costantemente i pensieri che provengono dal di fuori, anziché formarne dal di dentro.

È soltanto tramite l'esercizio della mente stessa, usando le sue facoltà in modo creativo ed esercitandole, lavorando su queste e con costante esercizio, che il corpo mentale potrà svilupparsi e la vera evoluzione umana potrà progredire.

Il corpo mentale si divide in due sezioni principali:

- La regione del Pensiero Concreto o Mentale Inferiore, comprendente le quattro suddivisioni più dense, ossia con materia mentale che corrisponde alle quattro suddivisioni inferiori della materia astrale e alla materia solida, liquida, gassosa ed eterica del piano fisico.

- La regione del Pensiero Astratto o Mentale Superiore o Corpo Causale che comprende le tre suddivisioni di sostanza più sottile.

La regione del Pensiero Concreto fornisce la materia mentale destinata a rivestire le idee che si generano nella regione del Pensiero Astratto e che così concretizzate, diventano forme-pensiero.

Il Pensiero Concreto

Il pensiero concreto è il pensiero focalizzato sul mondo fisico ed è l'opposto del pensiero astratto.

Grazie al pensiero concreto le persone sono in grado di focalizzarsi sui fatti nel qui e ora, sugli oggetti fisici e sulle definizioni letterali.

- Il pensiero concreto è la prima forma di pensiero nei bambini.

I bambini molto piccoli pensano in modo estremamente concreto e la maggior parte delle ricerche indica che non possono concepire un oggetto come esistente se non è fisicamente presente; mentre lo sviluppo continua, emerge il concetto della permanenza oggettuale, la capacità di pensare a cose che non sono presenti.

Lo sviluppo del pensiero astratto è, quindi, graduale.

Il pensiero astratto è fondamentale per il normale sviluppo e il ricorso esclusivo al pensiero concreto può inibire gravemente la capacità di una persona di apprendere, entrare in empatia e relazionarsi con altre persone.

- Lo sviluppo di una teoria della mente, la capacità di mettersi nei panni di un altro e indovinare cosa stanno pensando o cosa vuol dire essere loro, è la chiave per sviluppare forti abilità sociali.

L'incapacità di pensare in modo astratto può essere sintomatica di ritardi nello sviluppo: i bambini nello spettro autistico spesso lottano con il pensiero astratto e possono avere difficoltà con l'empatia e la comprensione delle emozioni degli altri. Anche le lesioni e danni cerebrali possono interferire con la capacità di un individuo di cogliere pensieri astratti.

Le persone il cui pensiero è molto concreto, quindi, possono trovare alcune situazioni o compiti più difficili.

Questi potrebbero includere:

- **Empatia**

Come anticipato, la capacità di comprendere ciò che gli altri sentono e di cui hanno bisogno richiede di essere in grado di guardare e interpretare espressioni facciali, linguaggio del corpo, parole, toni e comportamenti in un contesto sociale. Alcune persone che pensano concretamente potrebbero non leggere con precisione questi segnali sociali.

- **Creatività**

I pensatori concreti possono avere difficoltà a risolvere i problemi o a creare cose in quanto potrebbero essere richiesti il pensiero astratto e l'immaginazione.

- **Flessibilità**

I pensatori concreti a volte si attengono a interpretazioni letterali e comportamenti rigidi, e questa mancanza di flessibilità può causare qualche conflitto con altre persone.

I ricercatori hanno scoperto che addestrare le persone a pensare concretamente può effettivamente aiutare in alcune situazioni; ad esempio, uno studio Trusted Source ha dimostrato che i primi soccorritori e altri i cui lavori comportano un'esposizione ripetuta al trauma hanno meno ricordi invasivi quando sono addestrati a usare il pensiero concreto durante determinati eventi.

In uno studio del 2011, ad alcune persone depresse è stato chiesto di pensare a un recente evento sconvolgente: i ricercatori hanno incaricato i partecipanti di suddividere l'evento in dettagli concreti e considerare come questi dettagli hanno influenzato il risultato.

I partecipanti che hanno utilizzato questa strategia di pensiero concreto hanno successivamente mostrato una riduzione dei sintomi della depressione: training sul pensiero concreto potrebbero, quindi, contribuire a contrastare la tendenza depressiva a rimuginare.

Il Pensiero Astratto

Il pensiero astratto è un pensiero che ci permette di riflettere su ciò che non è presente nello spazio o nel momento attuale. Ci consente, inoltre, di fare riferimento a concetti o principi generali, nel nostro quotidiano o in altri contesti, come quello lavorativo o scientifico.

Uno studio olandese del 2006 ha dimostrato che ci sentiamo più "potenti" quando ci permettono di pensare in modo astratto; questo potrebbe essere una prova a suo favore, rispetto al pensiero concreto che avrebbe un carattere più restrittivo.

Vediamo, dunque, in che modo differisce dal suo "opposto", il pensiero concreto. E poi, a cosa serve e quali vantaggi offre.

- Secondo lo Psychology Dictionary, il pensiero astratto è la capacità di cogliere l'essenziale e le caratteristiche comuni; serve a portare alla mente i diversi aspetti di una situazione, a prevedere e pianificare il futuro, a pensare in modo simbolico e trarre conclusioni.

Sarebbe, quindi, l'opposto del pensiero concreto che, in questo caso, è una pensiero letterale basato su tempo e spazio presente.

Il pensiero astratto, come detto, ci permette di mettere in relazione concetti diversi, convinzioni o elementi che si trovano nell'ambiente, interno o esterno; ci aiuta anche a innovare, creare, immaginare, sviluppare nuove idee, imparare dalle esperienze passate e riflettere sul futuro.

- Questo pensiero rappresenta, oltretutto, un'abilità cognitiva.

Più precisamente, si tratta di una delle ultime capacità cognitive che l'essere umano ha acquisito nella sua evoluzione.

Vediamo in sintesi un elenco di caratteristiche del pensiero astratto, facendo riferimento alla forma, al contenuto e alle funzioni:

- Si concentra su elementi che non sono presenti (va oltre il contesto attuale).
- Permette di immaginare, creare e innovare.
- Stimola il pensiero riflessivo profondo.
- Aiuta a trovare significati diversi in ogni situazione.
- Permette di pensare in modo astratto e formulare idee dello stesso tipo.
- È un pensiero ipotetico-deduttivo, ci consente, quindi, di costruire ipotesi senza bisogno di provarle in modo empirico.
- È un pensiero flessibile, che stimola la discussione.

L'epistemologo e biologo svizzero Jean Piaget, parlando di pensiero astratto, elaborò un'ipotesi secondo cui il pensiero astratto, così come il ragionamento, emerge nell'ultima fase dello sviluppo (la fase delle operazioni formali). Infatti, Piaget chiamava il pensiero astratto, pensiero formale, perché apparteneva a questo stadio evolutivo.

La fase delle operazioni formali comincia tra gli 11 e i 15 anni di età e si estende fino all'età adulta.

In questa tappa sono centrali i seguenti elementi:

- Il ragionamento ipotetico.
- Il ragionamento astratto.
- La risoluzione sistematica dei problemi.
- Il pensiero astratto.

Questo pensiero, secondo Piaget, è strettamente collegato alla logica e alla capacità di risolvere i problemi; in questo senso, sarebbe una delle caratteristiche distintive dell'essere umano, quella che ci distingue dalle altre specie animali.

Padroneggiare il pensiero astratto, così come il suo linguaggio, è utile in campi come la matematica o le scienze, poiché il ragionamento analitico richiede l'uso del pensiero astratto: d'altro canto, non dimentichiamo, però, che per comprendere un determinato argomento o concetto, dobbiamo essere capaci di collegarlo alla vita reale, in modo che ci risulti più vicino e più concreto.

Possiamo, quindi, affermare che il pensiero astratto ci permette di elaborare, descrivere e manipolare le informazioni mentali, mentre il pensiero concreto ha la stessa funzione, ma con oggetti presenti nel mondo fisico.

Concludendo, abbiamo detto che il pensiero astratto è ipotetico e deduttivo; questo significa che ci permette di formulare ipotesi senza doverle provare in modo empirico.

Nel pensiero concreto, invece, la conoscenza avviene attraverso l'esperienza diretta con il fenomeno in questione, ovvero è una forma di pensiero induttivo.

- Il pensiero astratto va dal generale al particolare, fatto che permette di formulare leggi e teorie.
- Invece, il pensiero concreto va dal particolare al generale.

Infine, il pensiero astratto consente la riflessione e il dibattito (essendo flessibile), mentre quello concreto non permette variazioni, poiché si basa su ciò che è tangibile ed evidente.

Aura Astrale

È collegato ai sentimenti profondi e alle relazioni.
Qui si manifestano:

- Amore.
- Empatia.
- Legami energetici tra persone.

Il quarto campo aurico è quello cosiddetto "ponte" tra i livelli inferiori e quelli superiori dell'aura; è il corpo astrale, legato all'elemento aria e ai sentimenti.
E' lo strato che controlla le relazioni con gli altri, è qui che si crea il cordone che collega le due energie degli individui.
Il corpo astrale si presenta come un fluido multicolore simile al corpo emotivo, ma a differenza di questo che appare come delle nubi colorate, questo è più simile a un fluido omogeneo che si espande per circa trenta centimetri al di fuori del corpo fisico.

- Il corpo astrale è quello che riguarda il mondo delle relazioni sociali, i rapporti con gli altri e i sentimenti reciproci.

In caso di insufficienza energetica il fluido del corpo astrale diventerà scuro e denso, e questo stato potrebbe essere pericoloso perché a lungo andare porterà alla creazione di vere e proprie malattie.

- L'Aura Astrale si espande fino a 30 cm dal corpo fisico ed è visibile come un fluido omogeneo di luce di vario colore.

Questo "guscio" racchiude emozioni, gioie, dispiaceri, la sensibilità della persona nei rapporti con gli altri. E' dominato da forme multicolore e da tonalità tenui. Il suo chakra principale è quello del cuore ed è di colore verde.

- Un'aura astrale di colore scuro e di consistenza densa segnala vulnerabilità emotiva, desiderio di solitudine, aridità, affettiva.

- Un'aura astrale ben sviluppata dona la capacità di percepire con la sensibilità persone e ambienti, di avere rapporti stabili e soddisfacenti, di considerare l'amore uno dei cardini della vita.

Sopra al corpo astrale, vi sono altri tre campi aurici che appartengono alle capacità umane superiori e spirituali che possiamo identificare con il "sé" e rispondono alla stessa regola, il 7° è un campo strutturato, mentre il 6° è indistinto.

- Già a questo punto possiamo osservare che i corpi dispari, il 1°, 3° e il 5° appaiono strutturati in forme reticolari, mentre i corpi pari al 2° e al 4° appaiono in forme indistinte e multicolore.

L'energia astrale si trasmette da una persona all'altra ogni qualvolta ci si relaziona con qualcuno; infatti, ogni volta che interagiamo con qualcuno, anche inconsapevolmente, creiamo dei "tentacoli" di energia che vanno a toccare il campo energetico dell'altro.

La natura di questo contatto dipende dal tipo di interazione e dal sentimento che lo ha causato: in caso di rapporto tra due persone che si amano questi flussi di energia saranno fluidi, senza asperità e di colore rosa, mentre, in caso di sentimenti negativi, come ad esempio l'invidia, questi flussi assumeranno un colore verde-grigio molto scuro.

- Più i sentimenti sono forti e più i colori assumeranno un colore vivace, così il rosa dell'amore diventerà arancione o il rosso della rabbia sarà molto più cupo.

Un astrale forte e carico sarà di una persona con rapporti interpersonale buoni e stabili, che nutre sentimenti veri e positivi verso chi lo circonda, mentre una persona con un astrale scarico terrà in scarsa considerazione i rapporti con gli altri, preferendo la solitudine e sfuggendo i rapporti all'esterno che saranno visti solo come un fastidio.

Alla nascita la nostra aura è legata a quella dei nostri genitori da cordoni simili a quello ombelicale, e questi cordoni si svilupperanno, insieme all'aura, durante tutta l'infanzia, determinando così il modello per le relazioni future.

Ogni volta che si instaura un nuovo rapporto si crea così un nuovo cordone che unirà alla persona incontrata.

Il corpo astrale, come quarto livello, costituisce il collegamento tra il mondo fisico e quello spirituale; infatti i primi tre livelli fanno capo al mondo fisico, emotivo e mentale, mentre gli ultimi tre costituiscono la matrice, cioè il modello dei precedenti.

Aura Eterica Matrice

Il quinto corpo sottile è chiamato corpo eterico matrice, in quanto contiene tutte le forme del piano fisico, come se fosse uno stampo, ed è, perciò, la matrice del corpo eterico.

- E' collegato alla volontà e alla spiritualità.

L'eterico matrice, consiste in uno stampo vuoto in cui si forma il corpo eterico, che a sua volta, fornisce l'energia necessaria al corpo fisico; in sostanza si tratta di uno stampo che presenta delle forme vuote, corrispondenti agli organi del corpo ed è la matrice dell'intero organismo. Rappresenta la soddisfazione della persona e la sua armonia con l'Universo. Contiene le impronte o matrici del futuro dell'individuo.

- L'Aura Eterica Matrice sporge fino a 60 cm dal corpo fisico ed è composta di linee trasparenti su uno sfondo blu cobalto.

Quest'aurea ha una forma ovoidale piuttosto allungata nella quale si possono individuare le forme vuote di organi, arti, chakra.
Queste forme appaiono come linee trasparenti su uno sfondo blu cobalto.

- Un quinto livello ben equilibrato permetterà alla persona di sentirsi sempre a proprio agio e in armonia con tutto quello che la circonda, avendo sempre la sensazione di essere sempre nel posto giusto al momento giusto, permettendogli di avere sempre la giusta determinazione per la realizzazione della propri vita.

- Un eterico matrice squilibrato, invece, porterà la persona a essere insoddisfatta di sé, incapace di trovare la giusta motivazione per la propria vita e, se l'energia sarà insufficiente, la persona tenderà a essere molto disordinata, giudicando male chi, invece, ama l'ordine, con la motivazione di essere privo di personalità e creatività.

La tendenza all'ordine diventerà ossessione nel momento il cui l'energia dei corpi dispari (eterico e mentale) sarà molto più forte di quelli pari (quello emotivo e l'astrale).

- Chi ha quest'aura forte ed equilibrata si sente realizzato in ciò che fa, non ha la sensazione di essere fuori posto, si sente in armonia con ciò che lo circonda, tende a portare a termine i progetti, è scrupoloso e affidabile.

- Se quest'aura è negativa, il soggetto non è soddisfatto delle cose che fa, non ha un progetto o uno scopo nella vita, tende a sentirsi sfruttato, è disorientato, incontra difficoltà a comprendere concetti complessi.

È collegato al 5° chakra, il chakra della gola, di colore blu. Il suo elemento è l'etere.

Aura Celestiale

Questo corpo presiede all'emotività spirituale ed è legato ai sentimenti di amore verso il divino e all'estasi mistica, pertanto favorisce la meditazione e la preghiera.

- Rappresenta la coscienza superiore.

Rappresenta l'emotività e l'amore che abbiamo per il "Sé Superiore"; chi ha questo campo molto vasto è portato per le esperienze con il mistico.

- L'Aura Celestiale giunge fino a 70 cm dal corpo fisico ed è composta di raggi luminosi che partono dal centro del corpo e si presenta con tutti i colori dell'iride senza una forma definita.

Se i raggi sono intensi e rettilinei, quest'aura è forte ed equilibrata. Presiede all'emotività spirituale, all'amore divino, alla meditazione e alla preghiera.

- Se la sua energia risultasse insufficiente, la persona proverà molte difficoltà a sperimentare esperienze mistiche e, anzi, gli risulterà anche difficile capire quelle degli altri; i raggi del suo corpo risulteranno non rettilinei e dalla luminosità piuttosto spenta.

- Al contrario, chi avrà una carica energetica del corpo celestiale molto elevata tenderà a vivere esclusivamente secondo i principi spirituali sottraendosi a tutte le esperienze fisiche. Se l'energia di questo livello e equilibrata e forte, i raggi sono perfettamente rettilinei e molto intensi.

Questo stato aurico presiede all'emotività spirituale, all'amore verso il divino e all'estasi; esso favorisce, quindi, la meditazione e la preghiera.

Chi possiede una carica energetica molto elevata al sesto livello tende a seguire la proprioa spiritualità in modo da sottrarsi a tutte le esperienze fisiche.
Per poter caricare energeticamente il corpo celestiale e accedere a buone esperienze spirituali è necessario praticare con costanza le tecniche meditative.

Aura Causale

È lo strato più esterno.
Secondo alcune tradizioni contiene:
- Memoria dell'anima.
- Esperienze karmiche.
- Connessione con il divino.

Questo corpo, detto anche Uovo Aurico, si presenta, appunto, come un grande uovo formato da linee dorate dalla luminosità molto intensa che si intrecciano, delineando tutte le componenti del corpo fisico, oltre il quale si estende per circa un metro e racchiudendo tutti gli altri corpi energetici.

- E' il livello che ci mette in connessione con il resto dell'universo e ci permette di scambiare energia con esso; questo strato, se espanso, comporta grandi idee con difficoltà di metterle in atto.

Grazie a questo corpo sottile siamo in grado di accedere alla connessione con il tutto, a superare le idee astratte e le forme di identificazione.
In conseguenza allo stadio evolutivo della persona ci sarà una minore o maggiore consapevolezza di queste energie, che sono però presenti in tutti quanti.
In alcune classificazioni questo è chiamato corpo Buddhico, termine che potrebbe trarre in inganno e far pensare che questo genere di sfera di energia ad alta frequenza sia raggiunta solo da alcuni eletti; questo è assolutamente falso: ogni essere umano ha un corpo spirituale, immortale, in cui è trascritto tutto il suo percorso evolutivo e il suo karma.

Questo campo energetico è collegato alla nostra natura primaria, o Sé superiore, e permane tra le varie incarnazioni, non si dissolve con la morte del corpo fisico, al contrario degli altri corpi sottili che esistono per tempo limitato. L'essere umano tramite il suo corpo spirituale può relazionarsi con l'universo e con il Divino.

- L'Aura Causale sporge dal corpo fino a 100 cm ed è composta di filamenti intrecciati di intensa luce dorata che avvolgono tutto il corpo formando una specie di uovo, detto uovo aurico, nel quale sono racchiusi tutti gli strati dell'aura.

La parte più esterna di questo uovo diviene più spessa costituendo una specie d guscio che serve da protezione e al tempo stesso permette lo scambio energetico con il campo universale.

- Un corpo causale sano e ben equilibrato permetterà alla persona di percepire la sua importanza e il suo ruolo all'interno del grande Disegno Universale, permettendogli di elaborare idee creative e di poter comprendere concetti elevati quali il significato dell'esistenza e della natura del mondo.
- In caso, invece, di corpo causale squilibrato o debole si avranno difficoltà a riuscire a concepire idee creative e a comprendere il senso della vita, e le linee che compongono il corpo appariranno spente e irregolari, assottigliandosi anche in alcuni punti, dove potrebbero verificarsi dei veri e propri strappi nel guscio aurico, attraverso cui si avranno dispersioni di energia.

Questa situazione porterà la persona a essere ipercritica nei confronti dei proprio difetti e a spingerla nella ricerca di una ipotetica perfezione, peraltro irraggiungibile.

Se invece l'energia di questo corpo dovesse risultare troppo forte, la persona sarà nella posizioni di riuscire a elaborare moltissime idee che però non riuscirà a mettere in pratica.

- Per evitare di incorrere in questi problemi è necessario che tutti i corpi siano equilibrati, e per fare questo, anche in questo caso si può ricorrere a tecniche meditative.

L'Aura Causale ci collega con le energie superiori e con l'universo, ci rende capaci di distacco e di grandi imprese quali l'auto guarigione e la preveggenza.

- Quando questa aura è forte ed equilibrata, la persona sa esprimere la creatività e sa capire il significato della vita.

E' possibile, inoltre, raccogliere questi strati in tre gruppi.
- Aura della salute: eterica, emotiva, mentale.
- Aura del pensiero: astrale, eterico matrice.
- Aura alta: celestiale, causale.

L'unico strato visibile con gli occhi, attraverso alcuni esercizi è il primo strato, che vibra a una velocità minore rispetto agli altri sei; man mano che si sale per gli strati, la loro vibrazione ed estensione è sempre maggiore.
I colori sono più o meno standard in una persona, ma variano anche in base alla situazione in cui si trova in quel momento (inoltre lo stesso colore in due persone può avere due significati diversi).

Aprire i chakra ai primi tre livelli dell'aura

1° Chakra

- Divaricate bene le gambe, mettendo i piedi nella posizione che vi offre la maggiore stabilità.
- Piegate le ginocchia più che potete (con il tempo dovrete riuscire ad abbassarvi tanto che le natiche arrivino all'altezza delle ginocchia).
- Tornate in posizione eretta, poi abbassatevi di nuovo.
- Ripetete questo movimento tre volte.

Ora aggiungete un ulteriore movimento:
- Buttate in avanti il bacino con decisione, poi spingetelo indietro.
- Enfatizzate il movimento in avanti.
- Eseguite il doppio movimento tre volte mentre vi piegate sulle ginocchia.
- Rimanete con le ginocchia piegate e ripetete altre tre volte, e infine tre volte ancora mentre tornate in posizione eretta.

La parte più importante di questo esercizio è costituita dai movimenti del bacino mentre avete le gambe piegate.

2° Chakra

- Divaricate le gambe in modo che la distanza fra i piedi corrisponda all'ampiezza delle vostre spalle.
- Muovete avanti e indietro il bacino piegando leggermente le ginocchia.
- Ripetete diverse volte.

Ora immaginate di trovarvi all'interno di un cilindro e di doverlo lucidare con un movimento delle anche.

- Con le mani sui fianchi, fate ruotare il bacino uniformemente (come se doveste aderire perfettamente alla superficie interna del cilindro).

3° Chakra

Per questo esercizio dovete essere in due.

- Tenetevi saldamente per le mani; mentre uno dei due agisce da sostegno, l'altro dovrà saltare su e giù alzando le ginocchia il più possibile.
- Saltate ininterrottamente per alcuni minuti.
- Riposate (senza piegarvi in avanti).
- Datevi il cambio.

4° Chakra

Questo è un esercizio isometrico.

- Mettetevi carponi.
- I gomiti non devono toccare il pavimento e le braccia devono fare da fulcro.
- Cambiate l'angolazione delle gambe e delle natiche finché non avvertite una pressione fra le scapole (alcuni soggetti maschili con i muscoli delle spalle molto sviluppati avvertiranno la pressione più nelle spalle che nelle scapole, quindi, dovranno fare attenzione).
- A quel punto esercitare una pressione isometrica in quella zona spingendo tutto il corpo in avanti per un poco; quindi ritraetevi.
- Potete esercitare la pressione a partire dalle anche e dalle gambe.

Questo esercizio stimola l'aspetto posteriore del chakra del cuore o centro della volontà.

Per stimolare l'aspetto anteriore del 4° chakra trovate un oggetto di grandi dimensioni e di forma cilindrica come un barile oppure lo schienale di una poltrona (meglio ancora se disponete dell'apposito sgabello per gli esercizi di bioenergetica).

- Piegatevi all'indietro completamente, con la schiena appoggiata allo sgabello e con i piedi ben piantati per terra.
- Rilassatevi e consentite ai muscoli del torace di allungarsi.

5° Chakra

Eseguite più volte i seguenti esercizi per la testa e per il collo.

- Movimento verso l'alto, poi verso il basso.
- Rotazione a destra, poi a sinistra.
- Movimento in diagonale in alto verso sinistra, poi in basso verso destra e viceversa.
- Movimento rotatorio completo attorno all'asse del collo, in senso orario e poi antiorario.

Il chakra della gola risponde molto bene anche al suono. Cantate. Se non vi va di cantare, emettete dei suoni qualsiasi.

6° Chakra

Eseguite gli stessi esercizi per il 5° chakra, ma con gli occhi.

7° Chakra

Massaggiate la sommità del cranio con un movimento circolare in senso orario usando la mano destra.

Aprire i chakra al quarto livello dell'aura

Per eseguire questi esercizi sedete comodamente su una sedia oppure sopra un cuscino sul pavimento nella posizione del loto.

- Dopo aver rasserenato la mente con un esercizio di meditazione, concentrate l'attenzione sul primo chakra.
- Visualizzatelo come un vortice di luce rossa che gira in senso orario (immaginando di vederlo dall'esterno del vostro corpo).
- Esso si trova esattamente sotto di voi, con l'estremità più ampia verso il suolo e il vertice puntato verso il fondo della spina dorsale.
- Mentre guardate il vortice che gira, inspirate rosso; poi espirate rosso.
- Visualizzate il respiro rosso mentre inspirate; quando espirate non visualizzate, ma limitatevi a osservare di che colore è il respiro.
- Ripetete finché il vostro respiro non vi apparirà chiaramente rosso sia quando inspirate sia quando espirate.
- Se il rosso è più chiaro o più "sporco" durante l'espirazione, significa che avete bisogno di equilibrare le vostre energie rosse.
- Se è più chiaro, avete bisogno di aggiungere più rosso nel vostro campo energetico.
- Se è più "sporco", avete bisogno di pulire il vostro chakra di base, cosa che potete fare ripetendo l'esercizio finché l'inspirazione e l'espirazione non sono dello stesso colore.

Questo vale per tutti i chakra.

Conservando l'immagine del primo chakra, spostatevi sul secondo, che si trova circa 4 centimetri sopra l'osso pubico.

- Visualizzate due vortici, uno anteriore e uno posteriore, di un brillante rosso-arancio, che girano in senso orario.
- Inspirate rosso-arancio, espirate rosso-arancio.
- Ripetete più volte.
- Assicuratevi che l'inspirazione e l'espirazione siano dello stesso colore, prima di procedere.

Conservando la visualizzazione del primo e del secondo chakra, salite fino al terzo, situato nel plesso solare.

- Visualizzate due vortici gialli.
- Inspirate ed espirate giallo.
- Ripetete finché il giallo non risulterà brillante sia all'inspirazione sia all'espirazione.

Spostatevi sul cuore e visualizzate due vortici verdi che girano in senso orario.

- Inspirate ed espirate verde finché i colori non saranno equilibrati.
- Guardate verso il basso per accertarvi di poter vedere la rotazione di tutti i chakra che avete attivato, poi spostatevi sul chakra della gola.

Per attivare il chakra della gola inspirate ed espirate azzurro attraverso i vortici che girano in senso orario.

Passando al chakra del terzo occhio, visualizzate in violetto due vortici, sui lati anteriore e posteriore del capo, che ruotano anch'essi in senso orario.

Salite ora al chakra della sommità del capo; è di un bianco opalescente e si trova sopra la testa con l'estremità più ampia verso l'esterno.

- Visualizzate la sua rotazione in senso orario.
- Inspirate bianco, espirate bianco.
- Ripetete.
- Visualizzate tutti e sette i chakra che girano in senso orario e la corrente energetica verticale che scorre su e giù lungo la colonna vertebrale.
- Quando inspirate essa sale con continue pulsazioni verso l'alto, quando espirate scende, sempre pulsando.

Vedete tutti i chakra collegati alla corrente verticale dalla parte del vertice, con il chakra della sommità del capo come punto superiore di immissione ed emissione dell'energia che percorre il vostro campo, e quello di base come punto di immissione ed emissione inferiore.
Visualizzate l'energia pulsante che entra attraverso tutti i chakra quando inspirate; ora il vostro campo è pieno di questa energia luminosa.

Aprire i chakra al quinto, sesto e settimo livello dell'aura

Gli esercizi più efficaci per caricare il campo aurico, liberarlo, renderlo più luminoso e rafforzarlo sono quelli prescritti dallo yoga kundalini, incentrati sulle posture, sulla respirazione e sulla flessibilità della colonna vertebrale.

1° Chakra

- Mettetevi seduti sui talloni, con le mani posate sulle cosce.
- Flettete in avanti la spina dorsale nella zona pelvica e inspirate; inarcatela all'indietro ed espirate.
- Se volete, potete pronunciare un mantra a ogni respiro.
- Ripetete diverse volte.

2° Chakra

- Sedete sul pavimento a gambe incrociate.
- Afferrate le caviglie con entrambe le mani e inspirate profondamente.
- Inarcate in avanti la colonna vertebrale e sollevate il busto; fate ruotare all'indietro la parte alta del bacino.
- Mentre espirate inarcate la spina dorsale all'indietro e portate la zona pelvica in avanti.
- Ripetete varie volte pronunciando, se volete, un mantra.

Un altro esercizio per il secondo chakra consiste nel mettersi supini, con la parte alta del busto sollevata e i gomiti che servono da appoggio.

- Sollevate entrambe le gambe di circa 30 centimetri.

- Divaricatele e inspirate; mentre espirate, incrociate le gambe all'altezza delle ginocchia, tenendole tese.
- Ripetete varie volte.
- Sollevate le gambe un poco più in alto e ripetete di nuovo.
- Proseguite in questo modo finché i vostri piedi non saranno sollevati da terra di circa 80 centimetri.
- Poi seguite il processo inverso, abbassando pian piano le gambe.
- Riposate.
- Ripetete varie volte.

3° Chakra

Primo esercizio

- Sedete a gambe incrociate.
- Mettete le mani sulle spalle, con il pollice dietro e le altre dita davanti.
- Inspirate ed eseguite una torsione verso sinistra; espirate ed eseguite la torsione a destra.
- La respirazione dovrebbe essere lenta e profonda. Fate in modo che la spina dorsale resti dritta. Ripetete varie volte e invertite la direzione. Ripetete ancora.
- Riposate per un minuto.
- Rifate l'intero esercizio sedendo sui talloni.

Secondo esercizio

- Mettetevi supini con le gambe unite e sollevate i piedi di circa 15 centimetri.
- Sollevate da terra la testa e le spalle alla stessa altezza dei piedi; guardate la punta dei piedi e puntate in quella direzione con le dita delle mani, tendendo le braccia.

- Rimanendo in questa posizione respirate velocemente dal naso trenta volte.
- Rilassatevi contando trenta respiri.
- Ripetete diverse volte.

4° Chakra

- Sedete in posizione eretta con le gambe incrociate e afferratevi le mani all'altezza del chakra del cuore, agganciando le dita e puntando i gomiti verso l'esterno.
- Ora sollevate il gomito destro abbassando l'altro e viceversa in un movimento oscillatorio come quello di una culla.
- Fate dei respiri lunghi e profondi seguendo il ritmo del movimento.
- Inspirate, espirate e tendete le braccia in fuori stringendo la presa delle dita.
- Così varie volte.
- Riposatevi per un minuto.
- Ripetete l'esercizio stando seduti sui talloni.
- In questo modo l'energia sale più in alto.
- Tenete la regione pelvica ben trattenuta indietro.

5° Chakra

- Sedete a gambe incrociate e afferrate saldamente le ginocchia.
- Non piegate le braccia.
- Inarcate indietro la parte alta della spina dorsale inspirando; riportatela in posizione normale espirando.
- Ripetete varie volte.
- Riposate.

- Ora inarcate la colonna vertebrale sollevando le spalle mentre inspirate; abbassate le spalle espirando.
- Ripetete diverse volte.
- Inspirate e trattenete il respiro per quindici secondi tenendo le spalle sollevate.
- Rilassatevi.
- Ripetete entrambi gli esercizi stando seduti sui talloni.

6° Chakra

- Sedete a gambe incrociate e afferratevi le mani all'altezza della gola, agganciando le dita.
- Inspirate; trattenete il respiro; poi contraete l'addome e gli sfinteri e spingete l'energia verso l'alto, come se schiacciaste un tubetto di dentifricio per farne salire il contenuto.
- Espirate facendo uscire l'energia dalla sommità del capo, mentre sollevate le braccia sopra la testa tenendo sempre le dita agganciate.
- Ripetete.
- Eseguite l'esercizio stando seduti sui talloni.

7° Chakra

Primo esercizio

- Sedete a gambe incrociate, con le braccia tese sopra la testa.
- Intrecciate le dita a eccezione dei due indici, che rimarranno puntati verso l'alto.
- Inspirate spingendo in dentro la zona dell'ombelico e dicendo "sat".
- Espirate rilassando la zona dell'ombelico e dicendo "nam".

- Ripetete respirando rapidamente per vari minuti.
- Poi inspirate e fate salire l'energia dalla base della spina dorsale alla sommità del capo contraendo prima i muscoli degli sfinteri, poi quelli dello stomaco.
- Trattenete il respiro, poi lasciatelo andare, tenendo i muscoli contratti.
- Rilassatevi.
- Riposate.

Se non vi va il mantra "sat nam", usatene un altro.

- Ripetete l'esercizio stando seduti sui talloni.
- Riposate.
- Ripetete senza usare il mantra e respirando rapidamente attraverso il naso.

Secondo esercizio

- Sedete a gambe incrociate.
- Tenete le braccia sollevate a un angolo di 60 gradi, senza flettere i polsi né i gomiti e con le palme delle mani rivolte in su.
- Respirate rapidamente attraverso il naso per un minuto, premendo l'aria contro la parte alta e posteriore della gola.
- Inspirate, trattenete il respiro e spingete in dentro e in fuori l'addome per sedici volte.
- Espirate e rilassatevi.
- Ripetete due o tre volte.
- Riposate

Pulizia dell'Aura

Dopo ave compreso cos'è l'aura, come vederla e come riconoscere gli squilibri, passiamo finalmente alle tecniche di pulizia dell'aura.

La pulizia dell'Aura riduce o elimina i blocchi che sono radicati in noi oppure quei detriti spirituali che ci influenzano inconsciamente e che possono "macchiarci" quando veniamo in stretto contatto con persone o partner dalle aure "sporche".

C'è addirittura chi, in base a queste considerazioni, sostiene che dovremmo evitare di andare a letto con persone negative per non esserne influenzati a livello energetico.

Quindi, fate la pulizia dell'Aura solo se il vostro scopo è quello di scaricare energie negative troppo difficili da gestire, mentre vi sconsiglio di farla se vi serve come scusa per non assumervi le responsabilità della vostra vita, ribaltando all'esterno una realtà, che, invece, è dentro di voi.

- **Bagno nell'acqua**

Proprio come una doccia lava via lo sporco della giornata, fare il bagno nell'acqua del mare, dell'oceano, di un fiume o di un lago può fare lo stesso per la tua aura.

- L'acqua è, infatti, un elemento incredibilmente purificante, che ci circonda e ci protegge.

Se hai accesso a uno specchio d'acqua naturale come un lago o l'oceano, fare dei bagni frequenti purificherà la tua aura a intervalli regolari.

Se non hai la fortuna di vivere vicino all'acqua, anche un bagno nella vasca di casa ti garantirà una pulizia dell'aura ottimale.

- Una doccia non sortisce lo stesso effetto, in quanto il corpo ha bisogno di essere immerso in acqua per un tempo prolungato (almeno 15-20 minuti) per purificare l'aura nella sua totalità.

La chiave è creare un ambiente rilassante, aiutandosi con aromi o candele agli oli essenziali, e stabilire un'intenzione. Ad esempio, puoi dire a te stesso: "Faccio questo bagno con l'intenzione di spazzare via qualsiasi energia dalla mia aura che non mi appartiene, di riparare eventuali danni e risvegliare una sensazione di integrità e protezione".

- **Lavorare con i cristalli**

Dato che i cristalli portano energia positiva, lavorare con loro può aiutare a ripulire l'aura.
Non esiste un solo cristallo adatto a questa pratica: il cristallo va scelto intuitivamente per assicurarci che la sua energia risuoni con la nostra: se conosci il chakra che ha uno squilibrio, puoi consultare una guida sui cristalli associati ai vari chakra.
Puoi stringere il cristallo tra le mani mentre reciti un mantra per infondere la tua intenzione nel cristallo, per questo scopo puoi anche scegliere un mala fatto di cristalli.
Porta sempre con te il cristallo in tasca o in borsa per proteggere l'aura, specialmente quando ti senti nervoso, depresso o minacciato durante il giorno.

- **Trascorrere del tempo nella natura**

Ogni volta che hai bisogno di un facile ripristino energetico, il miglior consiglio è uscire e immergerti nella natura.
In particolare, se la situazione lo consente, prova ad andare in giro a piedi nudi su un prato per recuperare la tua connessione

con la terra, specie se la tua carenza energetica è nei chakra inferiori.

Questo ti aiuterà a sentirti più radicato e a cambiare rapidamente il modo in cui ti senti.

- **Meditare regolarmente**

La meditazione è uno dei più grandi strumenti per la pulizia dell'aura e per il radicamento.

È importante, però, praticarla ogni giorno, regolarmente, affinché possa continuare a purificare la tua aura.

In particolare, per la pulizia dell'aura sono utili le meditazioni di protezione in cui immagini la tua aura come una bolla di protezione intorno a te e visualizzi una luce bianca che ti riempie di energia positiva.

Proprio come qualsiasi muscolo, la tua aura diventa più forte quando ti concentri su di essa ogni giorno e ci lavori con intenzione.